नाम चर्चा

नाम चर्चा

नरेन्द्र कोहली

वाणी प्रकाशन

वाणी प्रकाशन
4695, 21-ए, दरियागंज, नयी दिल्ली 110 002
शाखा
अशोक राजपथ, पटना 800 004
फ़ोन : +91 11 23273167 फ़ैक्स : +91 11 23275710
www.vaniprakashan.in
vaniprakashan@gmail.com

NAAM CHARCHA
by Narendra Kohli

ISBN : 978-93-5072-904-5
Satire

प्रथम संस्करण 2015

मूल्य : ₹ 195

हर्ष प्रिंटर्स, दिल्ली-110 093 में मुद्रित

वाणी प्रकाशन का लोगो मक़बूल फ़िदा हुसेन की कूची से

भूमिका

पिछले कुछ वर्षों से मेरा स्फुट व्यंग्य-लेखन प्रायः स्थगित है। इन वर्षों में या तो उपन्यास ही लिख पाया हूँ, अथवा आवश्यक होने पर व्यक्तिगत निबन्ध। अपनी सृजन-प्रक्रिया में होते हुए इस परिवर्तन से परिचित तो हूँ, किन्तु उस पर मेरा वश नहीं है। जीवन के अनुभवों के गहरे और विस्तृत होने के साथ-साथ या तो छोटी रचनाएँ भी बहुत कुछ कहने की आवश्यकता की मजबूरी में खिंचकर लम्बी होती जाती हैं, या किसी उपन्यास के लेखन में लगे होने के कारण छोटी रचनाओं के विचार स्वयं ही टल जाते हैं, या मैं ही उन्हें टाल देता हूँ। यह तो जानता हूँ कि 'कथा' तथा 'व्यंग्य' दोनों तत्त्व मेरे भीतर ऊधम मचाते रहते हैं, किन्तु लौटकर फिर छोटी कहानियों तथा छोटे व्यंग्यों पर आऊँगा, या अब उपन्यास तथा व्यंग्य-उपन्यास ही लिखूँगा—यह कहना कठिन है।

अपनी व्यंग्य-रचनाओं में से 'श्रेष्ठ' का चुनाव कैसे करूँ? श्रेष्ठ रचनाएँ किन्हें मानूँ, जो मुझे प्रिय हैं या जो प्रशंसित हुई हैं? जो लोगों का मनोरंजन करती हैं या जो प्रखर प्रहार करती हैं? जिनमें बात कटु है या जिनका शिल्प नया बन पड़ा है?

मुझे लगता है कि लेखक एक सीमा तक ही अपनी रचनाओं के प्रति तटस्थ हो सकता है। फिर भी उसके लिए अपनी रचनाओं में से कुछ का चुनाव असम्भव हो, ऐसी बात नहीं है, क्योंकि अन्य लोग भी तो अपने पूर्वाग्रहों से मुक्त नहीं हो पाते। इसलिए मेरा ही चुनाव क्या बुरा है! अतः मैंने बिना किसी से पूछे, अपने-आप अपनी रचनाएँ छाँट डाली हैं। वे रचनाएँ श्रेष्ठ हैं या नहीं, इसका निर्णय मैं नहीं कर सकता। मैं तो केवल यह कह रहा हूँ कि अपनी रचनाओं में से चुनाव मैंने अपनी इच्छा और पसन्द से किया है। 'श्रेष्ठता' के साथ मैंने प्रतिनिधित्व का भी ध्यान रखा है। प्रयत्न किया है कि विषय, शिल्प तथा तकनीक के वैविध्य को भी महत्त्व दूँ।

व्यंग्य को स्वतन्त्र विधा मानने के विरुद्ध सबसे बड़ी आपत्ति यह है कि व्यंग्य आज विभिन्न विधाओं में लिखा जा रहा है—कविता में, कहानी में, निबन्ध में, उपन्यास में, नाटक में। किन्तु ऐसी आपत्ति करने वाले भूल जाते हैं कि कथा-साहित्य भी महाकाव्यों में लिखा गया, नाटकों में लिखा गया, बृहत् उपन्यासों, लघु उपन्यासों, कहानियों तथा लघुकथाओं में लिखा गया। कविता महाकाव्य, खंडकाव्य, काव्य, गीत, नाटक इत्यादि छोटे-बड़े अनेक रूपों में लिखी गयी। नाटक पद्य-रूपक, गीति-काव्य, स्वतन्त्र नाटक, एकांकी इत्यादि रूपों में लिखा गया।

इन सारी विधाओं पर विचार करने से, सहज ही यह निष्कर्ष निकलता है कि विधा की दृष्टि से साहित्यकार के व्यक्तित्व का मूल तत्त्व ही निर्णायक तत्त्व है : जो व्यंग्य के सन्दर्भ में साहित्यकार का सात्विक, सृजनशील तथा कलात्मक, वक्र आक्रोश है। इतनी बात हो जाने के पश्चात, आगे का वर्ग-विभाजन भी किया जा सकता है कि व्यंग्य की कैसी रचना को, शुद्ध व्यंग्य माना जाये और किस रचना के साथ अन्य विधाओं का मिश्रण होने के कारण किसी अन्य विशेषण की आवश्यकता होगी।

हिन्दी के व्यंग्य-साहित्य को देखें तो यह बात स्पष्ट हो जाती है कि स्वतन्त्रता-प्राप्ति के बाद से, सामाजिक-राजनीतिक विसंगतियों के कारण, भारतेन्दु-युग के पश्चात्त व्यंग्य का टूटा हुआ सूत्र न केवल फिर से पकड़ा गया, वरन् नवीनता और निखार के साथ दृढ़ किया गया। 'व्यंग्य संकलन' के नाम से पुस्तकें छपीं, उनमें ऐसे व्यंग्यात्मक निबन्ध थे, जो न तो निबन्ध की परम्परागत परिभाषा में आते हैं, न कहानी की। हिन्दी के स्वातन्त्र्योत्तर व्यंग्य साहित्य की रीढ़ ये रचनाएँ ही हैं, और इन्हीं रचनाओं ने व्यंग्य को हिन्दी साहित्य में स्वतन्त्र विधा के रूप में प्रतिष्ठित किया। इस मूल विधा की परिधि पर व्यंग्य-कथाएँ, व्यंग्य-उपन्यास तथा व्यंग्य-नाटक स्थापित हुए।

कविता में भी व्यंग्य लिखे अवश्य गये, किन्तु कवि इस विधा की स्वतन्त्रता के विषय में इतने गम्भीर दिखाई नहीं पड़े, जितने कि गद्य-लेखक। व्यंग्य-कवियों की महत्वाकांक्षा कवि बनने की ही रही, गद्य में लिखने वाले व्यंग्यकारों की, व्यंग्यकार बनने की।

कुछ अतिरिक्त शास्त्रीय समीक्षक व्यंग्य को केवल एक 'शब्दशक्ति' के रूप में ही स्वीकार करते हैं। मुझे यह मानने में कोई आपत्ति नहीं है कि हिन्दी साहित्य के रीतिकाल तक, व्यंग्य या तो एक शब्दशक्ति था, या अन्योक्ति, वक्रोक्ति अथवा समासोक्ति जैसा अलंकार। किन्तु समय और परिस्थितियों के परिवर्तन के साथ विधाओं का विकास भी होता है, और नयी विधाओं का निर्माण भी। हम व्यंग्य को आज के सन्दर्भ में देखें तो पाएँगे कि आज के व्यंग्य-उपन्यासों, व्यंग्य-निबन्धों, व्यंग्य-कथाओं तथा व्यंग्य-नाटकों में व्यंग्य के शब्दशक्ति अथवा अलंकार मात्र नहीं हैं। उसका विकास हो चुका है और वह शास्त्रकार से माँग करता है कि वह व्यंग्य-विधा के लक्षणों का निर्माण करे।

किसी विधा को एक ही भाषा के सन्दर्भ में देखना भी उचित नहीं है। सम्भव है कि यह कहा जा सके कि अमुक भाषा में व्यंग्य नहीं है। किन्तु संसार की किसी भाषा में व्यंग्य अथवा 'सैटायर' स्वतन्त्र विधा ही नहीं है, और वह स्वतन्त्र विधा हो ही नहीं सकता, ऐसा कहना मुझे उचित नहीं जँचता।

–नरेन्द्र कोहली

अनुक्रम

नाम चर्चा

कहते हैं, हिन्दी के कथा-साहित्य में गतिरोध आ गया है। ऐसे संकट हिन्दी साहित्य में पहले भी आये हैं और अकसर आते रहते हैं। हिन्दी में आते हैं तो अन्य भाषाओं के साहित्यों में भी आते होंगे पर फिर भी सारी दुनिया का काम चलता है। यह कोई ऐसी कठिनाई नहीं है, जिसका कोई समाधान न हो।

पर इस गतिरोध से भयंकर समस्या दूसरे क्षेत्र में पैदा हो गयी है। सारे हिन्दी-भाषी प्रदेशों में नाम को लेकर गतिरोध आ गया है। कहीं किसी के घर में कोई सन्तान हुई और मुसीबत उठ खड़ी हुई। कितनी भयंकर समस्या है कि बच्चे का नाम क्या रखें?

पता नहीं क्यों, मेरे सारे नाते-रिश्तेदारों, मित्रों और जान-पहचानवालों ने यह मान लिया कि सन्तान उत्पन्न करना उनका काम है, पर उनके बच्चों का नाम रखना मेरा काम है।

इस कर्तव्य को पूरा करने में मुझे कोई परेशानी नहीं थी, पर हिन्दी कथा-साहित्य के इस गतिरोध ने मेरी गति भी अवरुद्ध कर दी है। पहले यह होता था कि किसी ने नाम पूछा और हमने कोई भी पत्रिका उठा ली। जिस किसी कहानी की नायिका या नायक का नाम दिखा, वही टिका दिया। लोग होते भी इतने सरल थे कि झट वह नाम पसन्द कर लेते थे।

अब हिन्दी कथा-लेखक अपनी कहानियों में नाम रखने से कतराने लगा है। पचासों कहानियाँ पढ़ जाओ तो कहीं एक-आध नाम मिलता है; नहीं तो लोग 'यह', 'वह' से काम चला लेते हैं। हर कहानी के नायक का नाम 'वह'। और मेरी बात मान अपनी सन्तान का नाम 'वह' रखने को तैयार नहीं। नाम हिन्दी का कहानी-लेखक नहीं रखता और परेशानी मेरे लिए खड़ी हो गयी!

मेरे मस्तिष्क में एक साहित्यिक टोटका आया। मैंने सोचा, कथा-साहित्य में गतिरोध आने पर भी तो आखिर हिन्दी कहानी-पत्रिकाओं का सम्पादक अपना कार्य किसी प्रकार चला ही रहा है न। कैसे चलाता है वह?

थोड़ी-सी छानबीन से पता चला कि कलकत्ता और बनारस में बहुत दूरी नहीं है। बस, कलकत्ता से बंगला कहानियाँ बनारस में आ जाती हैं अर्थात् हिन्दी कहानी-पत्रिकाओं का सम्पादक बंगला साहित्य से कहानियाँ स्मगल

करता है। मैंने भी वही तरीका अपनाया—बंगाली नामों का हिन्दी में स्मगल करना शुरू किया। सरल-सा मार्ग था। और सुविधा यह भी थी कि कहानी का सर्वाधिकार चाहे लेखक के पास हो, सम्पादक के पास हो या प्रकाशक के पास, उसके नायक-नायिका के नामों का कापी-राइट किसी के भी पास नहीं होता। तो किसी के अधिकारों का अतिक्रमण नहीं हो रहा था।

मैंने हजारों-लाखों बंगला नामों को पीट-पीटकर खड़ा किया और खड़ी बोली के नाम बना लिये!

पर इस बार प्रादेशिकता आड़े आयी। मेरे भाई-बन्धु, मित्र तथा पड़ोसी अधिकांशतः पंजाबी हैं। दूसरे प्रदेशों के लोग मेरा पंजाबी अक्खड़पन कम ही सहते हैं—इसलिए अधिक निभती नहीं। एक कश्मीरी बन्धु ने एक बार कहा था कि मैं उनकी पुत्री के लिए कोई अच्छा-सा नाम चुनकर दूँ। पर उनकी अनेक शर्तें थीं। एक तो वे कश्मीरी थे और कश्मीर बहुत सुन्दर प्रदेश है। फिर उनकी बिटिया कश्मीर के सौन्दर्य से भी अधिक प्यारी थी। उस बच्ची का नाम कुछ ऐसा ही होना चाहिए था जिसमें कश्मीर का सारा प्राकृतिक सौन्दर्य साकार हो सके। मैंने क्षमता-भर परिश्रम किया, किन्तु किसी भी नाम से उन्हें सन्तुष्ट नहीं कर पाया। अन्ततः उन्होंने ही कहा कि यदि मैं कोई नया नाम नहीं दे सकता तो उनके सोचे हुए नाम का हिन्दी में कोई अच्छा-सा पर्याय दे दूँ, जोकि बच्ची का नाम रखा जा सके।

मैंने उनकी बात मान ली, इसमें मुझे कोई परेशानी नहीं थी। मैंने उनका सोचा हुआ नाम पूछा।

“रोजालीना।” वे बोले, “इसमें कश्मीर का सौन्दर्य, कश्मीर के रोज का सौन्दर्य, सब कुछ आ जाता है। वैसे पंडित नेहरू भी कश्मीरी थे और वे अपने कोट पर गुलाब का फूल भी टाँका करते थे। सच पूछिये तो...” और वे अत्यन्त भावुक हो उठे—“रोजालीना शब्द से ही हमारी बेबी का चेहरा आँखों के सामने घिर जाता है।”

“नाम तो बहुत सुन्दर है!” मैंने स्वीकार किया।

“बस, कठिनाई इतनी है कि नाम अंग्रेजों में है और हमारे रिश्तेदार इसे हजम नहीं कर पा रहे। आप इसका हिन्दी या भारतीय पर्याय दे दें।” उन्होंने कहा।

मैंने बहुत सोचा, शब्दकोश उलट-पलट डाले और तब खोजकर उनको ‘रोजालीना’ का पर्याय दिया, ‘गुलाबो’।

उन्होंने मेरा चेहरा देखा और नाक सिकोड़कर बोले, “आखिर पंजाबी हो न।”

मुझे तब भी लगा था कि प्रादेशिकता मेरे कर्तव्य में बाधा खड़ी कर रही है। और अब जब मैंने बंगला से नाम स्मगल करने आरम्भ किये हैं, तब भी मुझे यही लग रहा है।

अभी कल ही मेरे एक पंजाबी पड़ोसी आये थे। उनके घर पर परम परमेश्वर की किरपा से एक पुत्तर का जनम होया था। अतः वे चाहते थे कि मैं उनके सुपुत्तर के लिए कोई सोणा-सा नाँ चुन दूँ।

मैं मान गया। वैसे इतनी जल्दी मैं सामान्यतः माना नहीं करता। पर कल रात से एक बड़ा मधुर-सा नाम मेरे मन में चक्कर-भंबीरी काट रहा था। सोचा, इनको वही नाम बता दूँ। इनके सुपुत्तर को नाँ मिल जायेगा और मुझे उसकी चक्कर-भंबीरी से मुक्ति।

मैंने कहा, "लालाजी! इसका नाम तो आप रखें 'निकुंज'। बढ़िया नाम है और सारे मुहल्ले में किसी का नहीं है।"

"आप मजाक बढ़िया करते हैं, मास्टर साहब!" वह दोनों हाथों से ताली पीटकर खिडखिड़ाये, "क्या नाँ चुना है। कुम्भकरन जैसा लगता है।"

मैंने कुछ नहीं कहा, चुपचाप उन्हें देखता रहा।

"ऐसा करो," वह बोले, "कोई बढ़िया-सा अंग्रेजी का नाँ सोचो। मैंने सोचा है, वैल्कम कैसा रहेगा? अपने मकान का नाँ भी हम इसी पुत्तर के नाँ पर 'वैल्कम बिल्डिंग' रखेंगे।"

मेरी बुद्धि चक्कर खा गयी। ऐसे नाम की तो मैंने कल्पना ही नहीं की थी। पिंकी-शिंकी तो लोग आम रखने लगे हैं। सुना था, किसी ने अपनी बेटी का नाम 'ट्विंकल' भी रखा है। हमारे पड़ोस में एक साहब ने अपने बेटे को 'प्रिंस' घोषित किया है। पर वैल्कम ऊँचा नाम था।

"पहला पुत्तर है न?" पूछा।

"हाँ जी! पैल्ला, एकदम पैल्ला।" वह बोले।

"तो ठीक है," मैं बोला, "इसका नाम वैल्कम रखिये और दूसरे का फेयरवैल।"

वे एकसाथ दो-दो नाम पसन्द कर चल पड़े।

अभी पिछले दिनों ही क्षेत्रीयता ने मुझे एक बार और पछाड़ दिया। हमारे मकान से चौथे मकान में रहनेवाले पड़ोसी का लड़का तीन वर्ष का हो गया था, पर वे अभी तक उसके लिए एक नाम तक नहीं खोज पाये थे। जैसे-जैसे दिन निकलते जाते थे, उनकी चिन्ता और भी गहरी होती जाती थी। जब अपने लड़के के लिए एक उपयुक्त नाम तक नहीं ढूँढ़ पा रहे थे तो उसके योग्य कन्या और नौकरी कहाँ से खोज पायेंगे!

मुझसे मिले तो अपनी चिन्ता-गाथा ले बैठे। जब वे बहुत रो चुके और बहुत रोकने पर भी मेरा हृदय पूरा गल गया और फेफड़ों की बारी आ गयी तो मैंने पूछा, "आखिर समस्या क्या है?"

"समस्या क्या है," वह बोले, "बबुआ की महतारी की हठ। और क्या?"

"क्या हठ है?" बहुत चाहने पर भी उनका घरेलू रहस्य पूछने से स्वयं को न रोक सका।

वह बोले, "हमारा बबुआ बहुत शोर मचाता है, बहुत ही ज्यादा। उसकी महतारी कहती है कि उसका नाम हम उसके शोर मचाने पर ही रखेंगे।"

मैं चकित हो गया, हठ को सुनकर। यह भी क्या हठ! लोग गुण पर तो नाम रखते ही हैं, पर दोष को लेकर नाम! तिरिया हठ!

मुझे चिन्तित देखकर वह। बोले, "कोई नाम सोच रहे हैं क्या?"

मैंने कहा, "एक नाम सूझा है। आपके बबुआ के शोर मचाने से मिलता-जुलता नाम। शायद आपको पसन्द आये।"

"हमारी पसन्द क्या है," उनका मुँह लटका ही रहा, "पसन्द तो बबुआ की महतारी की। बोलिये, क्या नाम सूझा है आपको।"

"कोलाहल!" मैंने बताया।

"कोलाहल" उन्होंने दुहराया, "वैसे तो सुन्दर है, पर बबुआ की महतारी को पसन्द नहीं आवेगा।"

"क्यों?" मैंने पूछा।

बोले, "नाम तो कोई हमारे देसवा जैसा ही होना चाहिए। जैसे हमारा नाम है रामखेलावन। कोई ऐसन ही नाम हो।"

मेरी बुद्धि चकमक हो रही थी। जल्दी से बोला, "रामखेलावन के तौल पर आप शोरमचावन रख दीजिये।"

"शोरमचावन।" वह उछल पड़े, "बहुत बढ़िया। हम तीन बरिस से एही नाम तो खोज रहे थे। आप सचमुच बहुत बुद्धिमान हैं, मास्टर साहब!"

और वे चले गये।

बच्चे के गुण-दुर्गुण पर नाम रखनेवाले वह अकेले ही नहीं थे।

मेरे एक मित्र का पल्ला पकड़कर एक और साहब आये। पता नहीं लोगों को कहाँ-कहाँ से मालूम हो जाता है कि मैं बच्चों के नाम रखने में बहुत दक्ष हूँ।

मैंने उन्हें चलते-से दो-तीन नाम सुझाकर पीछा छुड़ाना चाहा तो वह खुले।

बोले, "ऐसे नहीं चलेगा, साहब। हम तो आपको नामों का स्पेशलिस्ट समझकर आये हैं।"

"आपको कैसा नाम चाहिए?" मैं ऐसे अवसरों पर स्वयं को उस दुकानदार की स्थिति में पाता हूँ, जो ग्राहक को तैयार माल से सन्तुष्ट न कर पाने के कारण, ऑर्डर पर माल बनवा देने का प्रस्ताव रखता है।

"बात यह है साहब," वह बोले, "आप जानते हैं, किसको अपना बच्चा प्यारा नहीं लगता। हमें भी अपना बच्चा प्यारा है। वैसे आप उसे देखें तो आप भी मानेंगे कि वह बहुत प्यारा है। क्यों भाई साहब!" उन्होंने मेरे मित्र को ठोका दिया, "ठीक कह रहा हूँ न?"

"जी हाँ। जी हाँ! बहुत प्यारा बच्चा है।" मेरे मित्र ने कहा।

"पर साहब!" वह फिर बोले, "बहुत सताता भी है। हम चाहते हैं कि उसका कुछ ऐसा नाम रखा जाये कि उसका प्यारापन और सताना दोनों ही बातें कवर हो जायें। काम तो कठिन है, पर आप विद्वान हैं; कोई-न-कोई नाम तो सुझा ही देंगे।" मैंने सोचा, काम वस्तुतः बीहड़ था। लोग भी कैसे-कैसे मूर्ख होते है। क्या शर्तें लाये हैं। पर ठीक है, मैं भी विद्वान हूँ।

मेरी बुद्धि ने एक चमत्कार किया। ऐसे चमत्कार वैसे कभी-कभी ही होते हैं। पर हो जाते हैं।

मैं बोला, "आपकी शर्तें बहुत कठिन हैं, पर फिर भी प्रयत्न करना हमारा धर्म है। मेरे मन में एक नाम है। नाम अत्यन्त साहित्यिक है और हिन्दी साहित्य के मूर्धन्य साहित्यकार, कवि तथा नाटककार जयशंकर प्रसाद की अलौकिक प्रतिभा की उपज है।" मैंने देखा, वे श्रद्धा से नत होकर मेरी बात सुन रहे थे। मैं फिर बोला, "प्रसाद ने भी बचपन के इन्हीं दोनों पक्षों को एक साथ देखा था और अपने एक गीत 'उठ-उठ री लघु-लघु लोल लहर' में उन्होंने प्यारे और हठीले बचपन को 'दुर्ललित' कहा है। आप यही नाम अपने बच्चे का भी रख दें।"

उनके चेहरे के भाव नहीं बदले। वे वैसे ही जड़ मुद्रा में बैठे रहे।

"साहब! हम नौकरी-पेशा लोग तो हैं नहीं।" कुछ देर बाद, बड़ी खीझ के साथ बोले, "ये फैशनेबल नाम हमारे घरों में नहीं चलते। हमारे बच्चे को तो बड़े होकर आढ़त का काम करना है, फर्म खोलनी है। हमें तो ऐसा नाम चाहिए, जो किसी फर्म का नाम भी हो सके। लड्डाराम, गेंदामल वगैरह-वगैरह। कोई ऐसा ही नाम बताइये।"

"मैं फिर चिन्ता में पड़ गया। ठीक है, नाम को लेकर जहाँ क्षेत्रीय आग्रह हैं, वहाँ व्यावसायिक आग्रह भी होंगे। आखिर किसी फिल्म एक्टर का नाम बिछावनमल तो नहीं हो सकता, न! उसी तरह फर्म का नाम.. और फिर उनकी शर्तें!

मैं बोला, "आप ऐसा करें, बच्चे का नाम प्यारूमल सताऊमल रख दें। फर्म का नाम जरूर लगेगा, बच्चे का चाहे न लगे।"

उनकी आँखों का भाव पहली बार बदला और वह चमककर बोले, "मारा! अब ठीक है। वाह प्यारूमल सताऊमल एंड संस। वाह भई, वाह!"

पर मैंने उसी दिन से नाम बताने का काम स्थगित कर दिया है। अब मैंने नामों का वर्गीकरण आरम्भ कर रखा है—फर्मों के उपयुक्त नाम, नेताओं के उपयुक्त नाम, एक्टरों के उपयुक्त नाम इत्यादि। देखना यह है कि कितने वर्ग बनते हैं और फिर उनके अनुसार नामो की सूचियाँ बनाऊँगा और फिर नाम बताने का ही धन्धा आरम्भ कर दूँगा। उन नामों को पेटेंट करवा लूँगा और फिर पेटेंट नामों की रायल्टी देकर ही लोग उनमें में कोई नाम रख सकेंगे। आप अपनी आवश्यकता अग्रिम रूप से लिख भेजें!

मन्दिर और स्कूल

हमारे मुहल्ले का भी भाग्योदय हुआ। हमारे मुहल्ले के एक व्यक्ति को सत्य का साक्षात्कार हुआ। सत्य को आमने-सामने देखकर वह बहुत बौखलाया और महीना-भर मुहल्ले में इधर-उधर मँडराता फिरा। परिणाम यह हुआ कि मुहल्ले में एक कमेटी बन गयी। कमेटी का नाम था मन्दिर कमेटी। मन्दिर कमेटी जब मेरे घर आयी तो मुझे उस व्यक्ति के सत्य के साक्षात्कार करने की कथा मालूम हुई थी।

उन्होंने बहुत भेद-भरे स्वर में मुझे बताया, "आपको पता है, हमारे मुहल्ले में कोई मन्दिर नहीं है।"

"नहीं है तो क्या हुआ?" मैंने पूछ लिया।

"उन्होंने कहा, "भगवान रहेगा कहाँ?"

मैंने पूछ लिया, "आपका भगवान एक ही है न?"

उन्होंने स्वीकार कर लिया कि एक ही है।

"फिर तो वह एक ही जगह रहेगा, गली-गली उसका मन्दिर बनाने का क्या लाभ?" मैंने पूछ लिया।

उन्होंने कहा, "भगवान रहेगा तो एक ही जगह, पर उसका स्थान तो हर मुहल्ले में होना ही चाहिए। इतनी बात तो आप मानेंगे न?"

"मैं समझ गया," मैंने उन्हें बताया, "मैं एक सज्जन को जानता हूँ जो स्वयं सपरिवार बम्बई में रहते हैं, किन्तु दिल्ली, जयपुर और चंडीगढ़ आदि नगरों में उन्होंने बड़ी-बड़ी कोठियाँ किराये पर ले रखी हैं। हजारों रुपया किराये का प्रतिमास देते हैं, पर उन कोठियों में रहता उनका चौकीदार ही है या फिर उनके मित्र विहार करते हैं। पर सज्जन तो अपना इनकम टैक्स बचाने के लिए ऐसा करते हैं, आपके भगवान को ऐसी क्या आवश्यकता आ पड़ी है। क्या यह भी इनकम टैक्स का मामला है?"

"सरकार भी तो जगह-जगह रेस्ट-हाउस बनाती है, वह क्या इनकम टैक्स बचाने के लिए है?" वे नाराज हुए।

"सरकार के पास फालतू पैसा है।" मैंने कहा, "वह बनवा लेती है।"

"हमारे मुहल्ले के भगवान को दूसरे मुहल्ले के मन्दिर में रहना पड़ता है। यह क्या शर्म की बात नहीं है?" उन्होंने पैंतरा बदला।

"और हमारे मुहल्ले में जो स्कूल नहीं है और हमारे बच्चों को दूसरे मुहल्लों के स्कूलों में पढ़ने जाना पड़ता है...।" मैंने कहा।

"आपकी बात बहुत ठीक है।" कमेटी ने मुझे बताया, "पर भगवान को हमारे मुहल्ले में एक मन्दिर न मिला और वह इस मुहल्ले से रूठ गया तो?"

"और यदि हमारे बच्चे स्कूल न होने के कारण अपने मुहल्ले से रूठ गये तो?" मैंने पूछा।

"वह तो ठीक है, पर भगवान को रहने के लिए मन्दिर तो चाहिए।" वे बोले।

"यह भी ठीक है, पर बच्चों को पढ़ने के लिए स्कूल भी तो चाहिए।" मैंने कहा।

"तो?" इस बार उन्होंने पूछा।

"यदि बच्चों को पढ़ने के लिए स्कूल न मिला तो हमारे बच्चे आवारा हो जायेंगे।" मैंने कहा, "भगवान को रहने के लिए मन्दिर न मिला तो उसके आवारा बनने की कोई सम्भावना है क्या?"

उन्होंने अचरज से मुझे देखा और हँस पड़े, "मजाक छोड़िये। आखिर हमें अर्थात् समाज को मिलने-जुलने के लिए कोई स्थान भी तो चाहिए। आप मन्दिर में जायेंगे तो अच्छे-अच्छे लोगों से मिलेंगे।"

मैं कुछ-कुछ कनविंस हो चला। वस्तुतः मन्दिर में अच्छे लोग ही होते हैं। पर अच्छे लोगों की परिभाषा क्या है? मैंने कहा, "मैं कई मन्दिरों में गया हूँ, वहाँ या तो बूढ़ी स्त्रियाँ होती हैं या फिर श्रद्धालु वृद्ध! क्या कम आयु के लोगों में कोई अच्छा आदमी नहीं होता?"

"होते हैं। उन्हें भी हम खोज निकालेंगे।" वे हँस पड़े, "पहले मिलने का स्थान तो होने दीजिये।"

"मिला तो स्कूल में भी जा सकता है।" मैंने कहा, "फिर स्कूल में मिलने से कुछ चर्चा होगी, वाद-विवाद होगा, मानसिक विकास होगा।"

"देखिये।" वे तमककर बोले, "मुझे आपकी यह मानसिक विकासवाली योजना एकदम पसन्द नहीं है। जिसे आप मानसिक विकास कहते हैं, मैं उसे बदतमीजी और विद्रोह मानता हूँ।"

"तो आप मानसिक विकास को पसन्द नहीं करते?"

"नहीं।"

"तो मन्दिर किसलिए बनवा रहे हैं?"

"आत्मा के विकास के लिए।"

"आत्मा के विकास से क्या होगा?" मैंने पूछा।

"आपके मानसिक विकास से क्या होगा?" उन्होंने पूछा।

"हमारे बच्चे कल समझदार युवक बनेंगे। अपने घर-बार और देश को अच्छी तरह चलायेंगे।" मैंने कहा।

"और आत्मा के विकास में यह देश महात्माओं से भर जायेगा।" वे बोले।

"महात्मा लोग स्वयं कमाते नहीं हैं।" मैंने कहा, "खाते देश का हैं और काम भगवान का करते हैं। उन सारे महात्माओं को खिलायेगा-पिलायेगा कौन?"

"भगवान!"

"भगवान इतना शक्तिशाली है क्या?" मैंने पूछा।

"भगवान सर्वशक्तिमान है!" उन्होंने कहा।

"तो उसके मन्दिर की चिन्ता आप क्यों करते हैं?" मैंने कहा, "भगवान सर्वशक्तिमान है, अपना मन्दिर स्वयं बनवा लेगा। हमारे बच्चे बड़े अशक्त हैं। स्वयं कुछ नहीं कर सकते, उनके लिए एक स्कूल बनवा दीजिये।"

"हमने प्रत्येक काम का ठेका नहीं ले रखा है।" वे बोले, "स्कूल बनवाना सरकार का काम है।"

"आपको यह किसने बताया कि मन्दिर बनवाना आपका काम है?" मैंने पूछा।

"देखिये।" उन्होंने मुझे समझाया, "आप बहुत जिद्दी मालूम पड़ते हैं। स्कूल तो चारों ओर अपने-आप ही खुलते जा रहे हैं—अच्छे-अच्छे स्कूल, अंग्रेजी माध्यम के स्कूल। पर मन्दिर अपने-आप नहीं बनते, मन्दिर बनवाने पड़ते हैं, ताकि अपने-आप खुले उन स्कूलों में पढ़नेवाले बच्चे बड़े होकर मन्दिर भी जा सकें।"

मैंने भी उन्हें समझाया, "जिन बच्चों का आपको इतना ध्यान है और जिनके बड़े होने पर, उनकी आवश्यकता पूरी करने के लिए आप मन्दिर बनवा रहे हैं, अपने-आप खुले स्कूलों में पढ़कर जब वे बड़े होंगे तो आपके मन्दिरों के बैरी बन चुके होंगे। पहले मन्दिर जानेवालों को सँभालिये, फिर मन्दिर बनवाइयेगा।"

"यदि कोई मन्दिर नहीं आना चाहता तो न आये। हमारा क्या बिगड़ता है?" वे बोले।

"तो फिर मन्दिर किसके लिए है?" मैंने पूछा।

"भगवान के लिए।" उनका उत्तर था।

"तो चन्दा भी जाकर भगवान से माँगिये।" मैंने कहा।

"आप नास्तिक हैं।" वे बोले।

"और आप अगली सारी पीढ़ी को नास्तिक बना और बनवा रहे हैं।" मैंने कहा।

"आप झगड़ालू हैं।" वे बोले।

"आप अदूरदर्शी हैं।" मैं बोला।

और कमेटी ने गुस्से में आकर मेरा नाम सूची से काट दिया। अब जब कभी मन्दिर बनेगा, मुझे उसमें घुसने भी नहीं दिया जायेगा।

बहुत बड़ा आदमी

श्री रामलुभाया को सुबह आठ बजे फोन किया। वे घर पर थे पर मुझसे बात नहीं कर सकते थे। वे वहाँ थे, जहाँ उन्हें होना चाहिए था—बाथरूम में! सुबह आठ बजे का सुहाना समय हो और वे बाथरूम में न हों तो कहाँ हों! अभिशप्त लोग सुहाना समय फुलवारी में बिता सकते तो अभिशप्त ही क्यों होते। रामलुभाया के घर से जिन्होंने फोन उठाया था, वे यह सूचना देकर कि रामलुभाया बाथरूम में हैं, आगे कुछ कहना ही नहीं चाहते थे। मैंने ही पूछा, "वे बाथरूम से निकलेंगे न?"

"क्यों नहीं निकलेंगे?"

उन्होंने कुछ इस भाव से कहा जैसे कोई सूर्य के विषय में कहे, "क्यों नहीं निकलेगा। रोज निकलता है। आज ने ही क्या अपराध किया है कि नहीं निकलेगा। आज भी जरूरत निकलेगा।"

मैंने कहा, "तो कृपया मेरा फोन नम्बर लिख लीजिये। उन्हें दे दीजियेगा; ताकि जब उन्हें सुविधा हो मुझे फोन कर लें।"

"आपके पास फोन है?"

उनके इस एक सहज प्रश्न ने मेरे मन में टेलीफोन विभाग के सन्दर्भ में अनेक सम्भावनाएँ बना दीं। मैं तो जानता नहीं था, पर ऐसा होता ही होगा—तभी तो उन्होंने पूछा है। माँग इतनी ज्यादा है और सुविधाएँ उतनी हैं नहीं। हो सकता है टेलीफोन विभाग को यही समाधान सूझा हो। कुछ लोगों को केवल फोन देते हों और कुछ को केवल नम्बर। ऐसे सौभाग्यशाली तो कुछ बिरले ही होंगे जिनको वे लोग फोन और नम्बर दोनों देते हों। खैर, मैं उन सौभाग्यशाली लोगों में से हूँ जिनको फोन और नम्बर दोनों ही दिये गये हैं।

मैंने कहा, "जी हाँ। जो नम्बर मैं आपको दे रहा हूँ, इसका फोन भी मेरे पास है। यदि वे इस नम्बर पर डायल करेंगे तो फोन की घंटी मेरे घर में ही बजेगी। और आम तौर पर, घर में होने पर और घंटी सुन लेने पर मैं फोन का चोंगा अवश्य उठा लेता हूँ। चोंगा उठाता हूँ तो सम्भवतः बात भी करता हूँ। मैं उस समय बात करने की स्थिति में होता हूँ; क्योंकि उस समय मैं बाथरूम में नहीं होता।"

इतना समझाना पर्याप्त था। वे अच्छी तरह समझ ही गये होंगे। उन्होंने नम्बर लिख लिया और आश्वासन दिया कि जैसे ही रामलुभाया बाथरूम से बाहर निकलेंगे—मुझे फोन अवश्य करेंगे।

मैंने तीन दिन तक उनके फोन की प्रतीक्षा की; किन्तु उधर से फोन नहीं आया। तीसरे दिन सुबह आठ बजे, मैंने फिर से फोन मिलाया। उधर घंटी बजी और जिन्होंने फोन उठाया, उन्होंने सूचना दी कि रामलुभाया बाथरूम में हैं।

मुझे आश्चर्य हुआ। वे तीन दिन से बाथरूम में हैं और यह आदमी इतने सहज रूप से कह रहा है कि 'वे बाथरूम में हैं,' जैसे कोई असाधारण बात ही न हो।

"अभी निकले नहीं?" मैंने पुष्टि कर लेनी चाही।

"अभी तक तो नहीं निकले।" उसने उतने ही शान्त स्वर में कहा।

वह इतनी शान्ति से बात कर रहा था और मेरे भीतर इतनी देर में जाने कितना कुछ घट गया : कितने मूर्ख हैं ये लोग। तीन दिन पहले एक आदमी बाथरूम में घुसा था और आज तक नहीं निकला है। क्या अर्थ है इसका? क्या वे लोग इतनी-सी बात नहीं समझ रहे कि रामलुभाया तीन दिनों तक बाथरूम से नहीं निकला तो सब कुछ ठीक-ठाक नहीं है। हो सकता है, उसे चक्कर आ गया हो और वह बेहोश होकर भीतर गिर पड़ा हो। हो सकता है कि उसकी हृदयगति रुक गयी हो और वह मर गया हो। ये मूर्ख लोग क्या सोच रहे हैं? किस बात की प्रतीक्षा कर रहे हैं?

"बार्थरूम में मुर्दा सड़ने की बदबू तो नहीं आ रही?" मैंने पूछा।

"जी?" उधर से आश्चर्य-भरा स्वर सुनायी दिया, "क्या मतलब है आपका?"

मुझे बहुत क्रोध आया। अब इन मूर्खों को इसका मतलब भी समझाना पड़ेगा। पर समझाना तो पड़ेगा ही। "हो सकता है कि बाथरूम में रामलुभाया की दिल की धड़कन बन्द हो गयी हो और वह मर गया हो...।"

"क्या कह रहे हैं आप?" उस आदमी ने मेरी बात पूरी नहीं सुनी, "यह सब आप किस आधार पर कह रहे हैं?"

"अरे जो आदमी तीन दिन से बाथरूम में घुसा है और अभी तक बाहर नहीं निकला, वह क्या अन्दर पिकनिक मना रहा होगा?" मैंने उसे डाँटा, "या बेहोश पड़ा होगा या मर गया होगा। अब अन्दर पड़ी-पड़ी तो उसकी लाश सड़ेगी ही न।"

"आपको किसने कहा कि वे तीन दिन से बाथरूम से नहीं निकले?" उस आदमी ने मुझे डाँट दिया, "वे तो अभी पाँच मिनट पहले ही बाथरूम गये हैं।"

"तो वे तीन दिन पहले जब बाथरूम में गये थे उसके बाद निकल आये थे क्या?"

"और नहीं तो क्या?"

"तो उन्होंने मुझे फोन क्यों नहीं किया?" मैंने पूछा, "मैंने तो नम्बर छोड़ा था।"

"आप जैसे सैकड़ों साधारण आदमी नम्बर छोड़ते रहते हैं। वे उन सबको फोन करते रहें तो अपना काम कब करेंगे?"

"मैं साधारण आदमी हूँ?"

"और क्या प्रिंस आफ वेल्स हैं आप?"

"रामलुभाया बड़े आदमी हैं?"

"हैं ही!"

"क्या वे महात्मा गाँधी से भी बड़े आदमी हैं?" मैंने पूछा ही लिया।

"नहीं। महात्मा गाँधी तो बहुत बड़े आदमी थे।" वह कुछ सकपका गया।

"मैंने तो सुना है कि महात्मा गाँधी बड़े ही इसलिए हुए, क्योंकि वे साधारण लोगों में जा बैठे थे।" मैंने कहा।

"मैंने कहा न, महात्मा गाँधी बड़े आदमी थे।" वह चिढ़ चिढ़ाकर बोला, "रामलुभाया उतने बड़े आदमी नहीं हैं।"

"रामलुभाया केवल बड़े आदमी हैं और महात्मा गाँधी बहुत बड़े आदमी?" मैंने पूछा।

"जी हाँ।"

"तो रामलुभाया बहुत बड़े आदमी क्यों नहीं बनना चाहते?" मैंने पूछा, "आगे बढ़ने का प्रयत्न तो हर आदमी करता है—छोटा आदमी बड़ा आदमी बनना चाहता है, बड़ा आदमी बहुत बड़ा आदमी।"

"नहीं। वे बहुत बड़े आदमी नहीं बनना चाहते।" उधर से स्पष्ट उत्तर मिला।

"क्यों?"

"क्योंकि वह बहुत कठिन है।"

"कठिनाई क्या है?" मैं हैरान रह गया, "मुझे फोन करना बहुत कठिन है क्या?"

"तुम मूर्ख हो।" उधर से उत्तर मिला, "छोटा आदमी वह होता है, जिसके पास कुछ नहीं होता। बड़ा आदमी वह होता है, जो बहुत कुछ अर्जित कर लेता

है; और बहुत बड़ा आदमी वह होता है जो अपना अर्जित किया हुआ सब कुछ त्याग देता है।"

मेरी समझ में कुछ नहीं आया। मैंने समझ लिया कि वह व्यक्ति न केवल मूर्ख है; वरन् गणित में बहुत कच्चा भी है। जो व्यक्ति इतना साधारण-सा गणित भी नहीं समझता कि यदि 'क' के पास कुछ नहीं है तो वह छोटा आदमी है। उसने एक लाख रुपये कमाये तो वह बड़ा आदमी हो गया। अब यदि वह अपने एक लाख रुपये किसी को दे देता है तो गणित की दृष्टि से $0+100000-100000 = 0$ ही हुआ। वह तो फिर से छोटा आदमी हो गया। वह बहुत बड़ा आदमी कैसे हो सकता है? और यदि किसी और सिद्धान्त से बहुत बड़ा आदमी हो ही जाता है तो रामलुभाया बहुत बड़ा आदमी बनने के स्थान पर बार-बार बाथरूम में क्यों घुस जाता है?

नया व्यवसाय

रामलुभाया को आजकल एकदम अवकाश नहीं है। इतना भी नहीं कि अपने जूतों से तस्मे बाँध सके और आस्तीन के बटन लगा सके। जब देखो, इंजन के समान धड़धड़ाता हुआ निकलता है और एक उजड्ड-सा नमस्कार मेरी ओर उछालकर भागता-दौड़ता, अपने-आपको ठेलता-ढालता, बस में चढ़ा देता है। मैं अपने दरवाजे पर खड़ा हैरान-परेशान अवसर की ही बाट जोहता रह जाता हूँ, कि किसी प्रकार उससे यह पूछ सकूँ कि वह रोज जंगली सूअर के समान, सिर झुकाये कहाँ भागता जाता है।

यही रामलुभाया पिछले सप्ताह तक घंटों अपने दरवाजे पर खड़ा, प्रत्येक आने-जानेवाले को बलात् रोक, उसका हाल-चाल पूछता और महँगाई, राजनीति और फिल्मों की बातें करता था। जिसको कहीं जाने की जल्दी होती, वह दूर से ही रामलुभाया को देखकर, अपना रास्ता बदल लेता था।...और अब वही रामलुभाया है कि सुबह-ही-सुबह, जेट विमान के समान ऐसी उड़ान भरता है कि गयी रात तक घर में लैंड ही नहीं करता।

मेरी पत्नी ने बताया कि श्रीमती रामलुभाया कह रही थीं कि इन्होंने नया बिजनेस शुरू किया है; इसलिए बहुत भाग-दौड़ में रहते हैं। मैंने मान लिया कि नया-नया काम है, जमाने में लगा होगा। आरम्भ में तो मेहनत करनी ही पड़ती है। पर उसी शाम मेरा बेटा समाचार लाया कि उसने रामलुभाया अंकल को शान्ति-पथ पर एक जुलूस के आगे-आगे नारे लगाते हुए, जाते देखा है। वे लोग किसी दूतावास पर प्रदर्शन करने जा रहे थे।

मैं समझ गया कि रामलुभाया अपनी पत्नी से झूठ बोल रहा है। राजनीति में फँस गया है और पत्नी को नये व्यवसाय का झाँसा दे रहा है।...पर पत्नी से कौन झूठ नहीं बोलता। पत्नी को सब-कुछ सत्य-सत्य बता दिया जाये, तो गृहस्थी एक दिन भी न चले; और चले तो क्लेश की बैसाखी पर ही चले।

पर मेरी पत्नी इस बात पर अड़ी रही कि श्रीमती रामलुभाया की सूचना गलत नहीं है। रामलुभाया ने सचमुच नया व्यापार शुरू किया है और वह उससे काफी पैसा बना रहा है। ऐसा न होता, तो रोज रात को वह अपनी पत्नी को

नोटों की गड्डियाँ कैसे पकड़ाता।

मुझे अपनी पत्नी से सहमत होना पड़ा। रामलुभाया झूठा हो सकता था, पर नोटों की गड्डियाँ झूठ नहीं बोल सकतीं।

अपनी जिज्ञासा का समाधान करने के लिए मुझे रामलुभाया को ही पकड़ना पड़ा।

सुबह-सुबह वह बस अड्डे की ओर भागा जा रहा था। मैं भी साथ-साथ भागा, "रामलुभाया, तुमसे एक बात करनी है।"

उसने बहुत साफ शब्दों में कहा, "इस समय मुझे अवकाश नहीं है।"

"बड़ी आवश्यक बात है।" मैं घिघियाया।

"एप्वाइंटमेंट ले लो।" उसने चलते-चलते ही बहुंत गम्भीरता से कहा और अपनी आस्तीन के बटन बन्द करने लगा।

मैंने चौंककर उसे ऐसे देखा, जैसे तोते के पिंजरे में कोई उल्लू बैठा दिखायी पड़ गया हो।

"एप्वाइंटमेंट?" मेरे मुँह से अनायास ही निकल गया।

"हाँ! एप्वाइंटमेंट!" वह बस अड्डे की ओर भागता ही जा रहा था।

जी में तो आया कि चप्पल उतार लूँ और कस-कसकर दो लगाऊँ उसको। क्या पिद्दी और क्या पिद्दी का शोरबा। लाट साहब हो गया है रामलुभाया। अब उससे यह पूछना हो कि वह क्या काम रहा है, तो उससे एप्वाइंटमेंट लो!

पर वह इतना गम्भीर था कि मैं डर गया कि कहीं यह न कह दे कि एप्वाइंटमेंट मेरी सेक्रेटरी ले लो।

उसने वैसे ही भागते-दौड़ते अपनी जेब से डायरी निकाली और कुछ पृष्ठ पलटकर बोला, "कल प्रातः आठ और साढ़े आठ के बीच का समय खाली है। सूट करेगा?"

उसके व्यवहार से मैं अपनी ही नजर में बहुत छोटा हो गया था। मन में आया कि उसे 'सर' कहकर सम्बोधित करूँ। पर किसी प्रकार अपनी हीनभावना को स्थगित कर बोला, "पर रामलुभाया! तुम तो प्रातः आठ बजे ही बस पकड़ लेते हो। कल घर पर रहोगे क्या?"

"नो-नो-नो!" उसने अपनी तर्जनी उठायी, "बस में ही बात करेंगे। वैशाली से लाल किले तक का समय तुम्हारा है। लाल किले से आगे मैंने किसी और को समय दे रखा है।"

मैं उजबक-सा उसे देखता ही रह गया; और वह, सामने जाकर थमी बस में सवार हो गया।

अगले दिन मैंने उसे बस में ही पकड़ा। संयोग से उसके साथवाली सीट खाली थी। उसने बड़े सम्मान से मुझे उस पर बैठाया, जैसे कोई अपने दफ्तर में आये अतिथि को बैठाता है।

मैंने अपनी डायरी और पेंसिल सँभाली और इंटरव्यू की शैली में पूछा, "आजकल आप क्या कर रहे हैं?"

"बिजनेस!" उसने संक्षिप्त-सा उत्तर दिया।

"बिजनेस में क्या?" मैंने विस्तार से जानना चाहा।

"एक आन्दोलन चला रहा हूँ।" उसके आत्मविश्वास के सामने मैं ही डगमगा गया।

"यह कोई व्यवसाय हुआ?" साहसकर किसी प्रकार मैंने कह ही दिया।

"कोई फैक्टरी चलाता है तो व्यवसाय होता है और कोई आन्दोलन चलाता है, तो वह व्यवसाय नहीं होता?"

मैंने उसका तर्क स्वीकार कर लिया, "किस प्रकार का आन्दोलन चला रहे हैं आप?"

"विश्व-शान्ति का आन्दोलन।"

मैंने परेशान होकर उसे देखा : पगला तो नहीं गया रामलुभाया! पत्नी लड़ पड़े तो वह तो इससे शान्त होती नहीं; और यह विश्व-शान्ति का आन्दोलन चला रहा है।

उसे उसकी औकात याद दिलाने के लिए, मैं अनौपचारिक हो उठा, "उसके लिए क्या करते हो तुम?"

"हम प्रदर्शन करते हैं।"

"क्या नारे लगाते हो?"

"युद्धबाजों का नाश हो। एटमी हथियारों की होड़ बन्द करो।"

"कल किस दूतावास पर गये थे?"

"यह तो मैंने देखा नहीं।" वह बोला।

"आज कहाँ जा रहे हो?"

"मैंने पूछा नहीं।"

"यह तुम्हारी राजनीति है?"

"नहीं! व्यवसाय है।" उसने मुस्कराकर सिगरेट सुलगा ली, एक ग्राहक आता है और कहता है, "हमें प्रदर्शन करवाना है...।"

मैं चौंका : तो यह है आपका व्यवसाय!

"दूसरों के कहने पर प्रदर्शन करते हो?" मैंने उसे धमकाया।

"दूसरों के नहीं", उसने मेरी भूल सुधारी, "फिनांसर के कहने पर। हम

ठेका लेते हैं। जितना जोरदार प्रदर्शन कोई चाहता है—उतने आदमी भेज देते हैं। उसी हिसाब से नारे लगाते हैं...।"

"नारे के बच्चे!" मैंने उसे डाँटा, "किसी मित्र देश के दूतावास पर प्रदर्शन किया, तो बन्द कर दिया जायेगा।"

"कच्ची गोलियाँ नहीं खेलते।" वह बोला, "हिंस्र प्रदर्शन नहीं करते हम! पत्थर फेंकवाने और शीशे तुड़वाने का काम दूसरा ठेकेदार करता है।"

"अच्छा! ऐसे ठेकेदार भी हैं?" मैं हैरान होकर पूछा।

"ठेकेदार तो आग लगवानेवाले भी हैं।" उसने बताया, "उसमें पेमेंट तो अच्छी है, पर ऑर्डर कम मिलते हैं। मैं सोचता हूँ, ऐसा काम करो जिसमें ग्राहक अच्छा मिलता हो। अब यह विश्व-शान्ति का आन्दोलन ही लो," उसने मुझे देखा, "यह अच्छा ऑर्डर है। हम किसी का विरोध नहीं कर रहे। किसी को बदनाम नहीं कर रहे। हम तो शान्ति का प्रचार कर रहे हैं। चाहे जिस दूतावास पर करवा लो। पक्ष में करवा लो, विपक्ष में करवा लो। सड़क पर जुलूस निकलवा लो। मैदान में जलसा करवा लो। हमारा, नारों का एक ही सेट काम में आ जाता है। पोस्टर भी नये नहीं छपवाने पड़ते। इसकी बड़ी माँग है। आखिर शान्ति कौन नहीं चाहता।"

"सरकार-विरोधी प्रदर्शन भी करते है?" मैंने पूछा।

"अच्छी पेमेंट होने पर कर भी लेते हैं।" वह बोला, "पर मेरी कोशिश यही होती है कि सरकारी समर्थनवाले प्रदर्शनों का ज्यादा ऑर्डर लूँ।" उसने सिगरेट का धुआँ छोड़ा, "उसमें आदमी अधिक मिल जाते हैं। पेमेंट तो अच्छी है ही, साथ में सुविधाएँ भी अधिक हैं।"

"केवल राजनीतिक प्रदर्शन ही करते हो?"

वह हँसा, "यह सब तो हमारे राजनीतिक अनुभाग में होता है। सामाजिक अनुभाग के ऑर्डर अलग हैं। दहेज विरोधी प्रदर्शन। अन्तर्जातीय विवाह के समर्थन में प्रदर्शन। डॉक्टरों को नौकरी दिलवाने के लिए प्रदर्शन। वेतन बढ़वाने के लिए प्रदर्शन। महँगाई-विरोधी प्रदर्शन...।"

"बस-बस!" मैं उसकी सूची से घबराने लगा था।

"अरे यह क्या है", उसने बताया, "हमारा धार्मिक अनुभाग तो प्रभात-फेरियाँ करवाता है। धार्मिक समारोहों के लिए श्रोता जुटाता है।" उसने आँख मारी, "पिछले दिनों तो मैंने कई नगरों में दूरदर्शन केन्द्र खुलवाने के पक्ष में प्रदर्शन करने के लिए ठेके लिये हैं। टी.वी. उत्पादकों और उनके डीलरों ने अच्छी पेमेंट की है।"

मैं चकित दृष्टि से उसे देखता रहा।

"इधर कुछ पौधशालावालों से बातचीत चल रही है।" उसने बताया।

"वह किस सिलसिले में?" मैं कुछ समझ नहीं पाया।

"पेड़ लगाओ आन्दोलन चलाने का ठेका है। सरकार ने माँग मान ली तो पौधशालावालों के भी वारे-न्यारे हो जायेंगे।' उसने रुककर मुझे देखा और हँसा, "एक बड़ा मजेदार ठेका मिला है।"

"कैसा ठेका?"

"एक किरायेदार मकान खाली नहीं कर रहा। मालिक-मकान चाहता है कि उसे मुहल्ले में बदनाम कर दिया जाये।"

"तो तुम उसमें क्या करोगे?" मैंने पूछा।

"हम उसके घर पर उसकी फैक्टरी के मजदूरों का प्रदर्शन करवायेंगे; और पिछले छह महीनों का वेतन न मिलने की शिकायत करेंगे।"

"पर उसने वेतन तो दे दिया है न?"

"एकदम!"

"तो वे मजदूर झूठ बोलेंगे?" मैंने कहा, "और फिर उनकी अपनी यूनियन होगी! वे तुम्हारे कहने पर प्रदर्शन क्यों करेंगे?"

"बड़े भोले हो।" वह मुस्कराया, "अरे उसकी फैक्टरी के मजदूरों को लाने कौन जा रहा है। हम तो अपने आदमी भेजेंगे। उसके पड़ोसी फैक्टरी के मजदूरों को पहचानते हैं क्या! किसी को क्या पता कि हम कौन हैं। जब तक पुलिस को खबर हो, हम अपना डोरी-डंडा समेटकर चल देंगे।"

"तुम तो वैज्ञानिक हो रामलुभाया!" मैंने उसकी प्रशंसा की, "तुमने तो बहुत सारे नये आविष्कार कर डाले हैं।"

"नहीं!" उसने मेरी बात का प्रतिवाद किया, "मैं तो केवल एक व्यवसायी हूँ।" उसने बस की खिड़की से बाहर झाँका, "अच्छा! तुम अब चलो। लालकिला आ गया है। यहाँ से किसी और का एप्वाइंटमेंट है मेरे साथ।"

कुछ हत्यारों की चर्चा

पुरस्कार मिलने की सूचना मुझे बाद में मिली, पहले डॉक्टर साहब का फोन आ गया, "यह पुरस्कार अस्वीकार कर दो।"

"क्यों?" मैंने बहुत डरते-डरते पूछा।

"क्योंकि पुरस्कार स्वीकार करनेवाले से, पुरस्कार का तिरस्कार करनेवाला महान् होता है।" वे बोले, "तुम्हें महान् बनने का अवसर मिल रहा है। उसे व्यर्थ ही मत गँवाओ। महान् बन जाओ।"

"आपने अपने चेले-चाँटों और रिश्तेदारों को महान् क्यों नहीं बनाया?" मैंने पूछ ही लिया, "उन्हें तो आप पुरस्कार देते गये और वे हड़पते गये। न आप तनिक-से महान् बने, न उन्हें बनने दिया।"

"उन्होंने हत्यारों से पुरस्कार ग्रहण नहीं किये थे।" वे बोले, "तुम्हें जो लोग पुरस्कार दे रहे हैं, वे हत्यारे हैं। उन्होंने हमारे एक साथी की हत्या करायी है।"

मैं बहुत परेशान था। देश की पुरस्कार देनेवाली सारी समितियों पर डॉक्टर साहब का कब्जा था। यह बात अब तय थी कि वे जहाँ भी होंगे, वे मुझे पुरस्कार नहीं देंगे। अब एक ऐसी संस्था बनी थी, जिसने उन्हें अपनी चयन-समिति का अध्यक्ष नहीं बनाया था, तो उस पर वे अपनी इच्छा इस पद्धति से आरोपित कर रहे थे। अर्थात् जहाँ वे होंगे, पुरस्कार मुझे देंगे नहीं और जहाँ वे नहीं होंगे, वहाँ से मुझे वे पुरस्कार लेने नहीं देंगे...लगता था कि यह जीवन तो बिना पुरस्कार के ही कट जायेगा।

मैं इसी उधेड़बुन में बैठा था कि रामलुभाया आ गया। मैंने उसे डॉक्टर साहब के फोन के विषय में बताया।

"किसी हत्या और हत्यारों का पता लगाना, उसे पकड़ना और उस पर मुकदमा चलाना पुलिस का काम है, डॉक्टर साहब का नहीं।" रामलुभाया तमककर बोला, "पुलिस ने उस पर आरोप लगाया नहीं, किसी न्यायाधीश ने उसे अपराधी पाया नहीं और डॉक्टर साहब ने उसे फाँसी पर लटका दिया। इतने ही उनके पास प्रमाण हैं तो जायें उच्चतम न्यायालय में। लगायें उस पर आरोप, चलायें मुकदमा...।"

"मुझे उस सबसे क्या लेना-देना।" मैंने अत्यन्त भीरु स्वर में कहा, "मैं तो साहित्यकार हूँ। मुझे तो उनका कहना मानना पड़ेगा। आखिर वे साहित्य के चौधरी हैं। मैं उनकी इच्छा से बाहर कैसे रह सकता हूँ।"

"तुम्हें युधिष्ठिर बनने का शौक हो तो बनो।" वह बोला।

"क्या मतलब?"

"वह अन्त तक धृतराष्ट्र को प्रसन्न करने का प्रयत्न करता रहा, किन्तु धृतराष्ट्र को वह कभी दिखायी नहीं दिया।"

"पर यह पुरस्कार देनेवाले हत्यारे हैं।" मैंने कातर स्वर में कहा।

रामलुभाया को मेरी बात पसन्द नहीं आयी। तेजस्वी स्वर में बोला, "यदि ऐसी ही बात है तो यह बताओ कि जिन सरकारों के प्रतिनिधि के रूप में डॉक्टर साहब स्वयं पुरस्कार लेते रहे हैं और अपने आश्रितों में बाँटते रहे हैं, उनमें से कौन-सी सरकार ऐसी, जिसने हत्याएँ करवायी नहीं, या हत्याएँ की नहीं।"

मैं जानता था कि रामलुभाया ठीक कह रहा है...यह तो सम्भव ही नहीं है कि आप सरकार की कृपा का सुख भी पायें और उसके द्वारा की गयी हत्याओं का पाप भी स्वीकार न करें..."पर वह तो एक संस्था के रूप में हुआ न। व्यक्ति के रूप में...।"

"व्यक्ति के रूप में तो डॉक्टर साहब स्वयं हत्यारे हैं।"

"क्या?" जैसे आकाश से गिर पड़ा।...इतना सभ्य, सुसंस्कृत और कोमल व्यक्ति हत्या कैसे कर सकता है?...नहीं। यह सत्य नहीं हो सकता।...

"किसकी हत्या की है उन्होंने?" मैंने पूछा, "तुम्हारे पास है कोई प्रमाण?"

"एक तो उन्होंने मेरी हत्या की है।" रामलुभाया बोला, "वे सहस्रमुख वासुकी के समान हैं, जिनका कोई-न-कोई एक मुख प्रत्येक साहित्यिक संस्था में मठाधीश बनकर बैठा है। उसने मुझे किसी प्रकाशन संस्थान में घुसने नहीं दिया। किसी पत्र-पत्रिका में छपने नहीं दिया। किसी गोष्ठी में बोलने नहीं दिया। आकाशवाणी और दूरदर्शन में तो प्रवेश ही उनकी कृपा से होता है। प्रत्येक द्वार पर उनका एक मुख खुला हुआ, अपनी जिह्वा लपलपा रहा है। अब बताओ, मैं लिखकर क्या करता। पिछले पन्द्रह वर्षों से मेरा लिखना बन्द हो गया।...किसने की मेरी हत्या?..."

मैं जब कुछ नहीं बोला तो रामलुभाया ही पुनः बोला, "और मैं अकेला ही नहीं हूँ। मेरे जैसे अनेक हैं।" और फिर जैसे उसे दौरा ही पड़ गया, "और तुम अपनी ओर देखा। क्या वे आज तक तुम्हारी हत्या नहीं करते आये हैं?

कौन-सा वार उन्होंने तुम पर नहीं किया? तुम जीवित रहे तो अपनी जिजीविषा से या भगवान् की कृपा से। यदि उनके द्वार मारे गये साहित्यकारों की सूची बनायी जाये तो किसी भी आतंकवादी द्वारा की गयी हत्याओं से लम्बी सूची बनेगी। वे इनामी हत्यारे होंगे और उनके सिर पर कम-से-कम पचास लाख रुपयों का पुरस्कार होगा।"

मैं पूर्णतः आतंकित हो चुका था : साहित्य के क्षेत्र में इतना रक्तपात। मैंने कभी उस ओर ध्यान नहीं दिया था। मैं तो अपने शरीर के घावों को ही देखकर इतना अस्त-व्यस्त हो जाता था कि अनेक बार लिखने-लिखाने से ही वितृष्णा होने लगती थी...किन्तु यहाँ तो...

"पर वे तो साहित्य की श्रेष्ठता बनायें रखने के लिए ऐसा करते हैं न।" स्वयं सहमत न होते हुए भी मैंने उनका पक्ष रखा, "वे तो साहित्य की सेवा कर रहे हैं।"

"साहित्य की सेवा कर रहे होते तो किसी एकान्त कोने में बैठे कागज और लेखनी लिये मग्न होते, इस प्रकार प्रत्येक मठ के अधीश्वर और प्रत्येक मंच के मंचेश्वर बनने की जोड़-तोड़ न कर रहे होते। श्रेष्ठ की उपेक्षा कर वे मात्र पाखंड को प्रतिष्ठित करने का प्रयत्न कर साहित्य की ही हत्या कर रहे हैं। अच्छा साहित्य सामने आने नहीं देंगे, घटिया साहित्य टिक नहीं पायेगा और अन्ततः यही माना जायेगा कि कोई महत्त्वपूर्ण चीज लिखी ही नहीं गयी। अपना वर्चस्व बनाये रखने के लिए वे एक पूरी पीढ़ी के लेखक को नष्ट करने पर तुले हैं। वे पूरी-की-पूरी पीढ़ी को समाप्त कर रहे हैं और स्वयं को मसीहा घोषित कर रहे हैं..."

मैं अवाक् खड़ा रामलुभाया का मुख देख रहा था : मैं तो यही मानता था कि साहित्यकार के पास न्याय, उदारता और प्रेम की ही पूँजी होती है; मैं क्या जानता था कि यहाँ भी लोग मार-काट और षड्यन्त्र-रचना करते हैं।...सोचा, कि अब डॉक्टर साहब का फोन आया, तो उनसे कहूँगा कि यदि उन्हें मार-काट और षड्यन्त्रों के मध्य ही रहना था तो वे सेना में गये होते अथवा राजनीति में आसन लगाते। वे साहित्य में क्या करने आ गये?

पाकिस्तानी तर्क

"पाकिस्तान ने किसी अन्तर्राष्ट्रीय सीमा का उल्लंघन नहीं किया है।" भोलाराम ने कहा।

"तो उनके सैनिक नियन्त्रण रेखा के इस पार हमारे क्षेत्र में कैसे आ गये?" मैंने पूछा।

"उन्होंने नियन्त्रण रेखा पार की है; किन्तु वह अन्तर्राष्ट्रीय सीमा नहीं है।" वह बोला।

अब मैं उसे कैसे समझाता कि 'चोर नालों पंड काली' किसको कहते हैं। पाकिस्तान अपने देश में तो इस बात का ढिंढोरा पीट रहा है कि उसके मुजाहिदों ने भारत का एक सौ वर्ग किलोमीटर का क्षेत्र जीत लिया है और वह धीरे-धीरे सारा कश्मीर जीत लेंगे। इधर हमारे भोलाराम यह ही स्वीकार करने को तैयार नहीं हैं कि पाकिस्तान ने अन्तर्राष्ट्रीय सीमा भी पार की है। कैसे स्वीकार करेंगे। वे फ्रेंड्स ऑफ पाकिस्तान जो ठहरे।

"चलो, वह नियन्त्रण रेखा ही सही, अन्तर्राष्ट्रीय सीमा न सही।" मैंने कहा, "उसे पार किया जा सकता है। वह अनुचित नहीं है।"

"वह कैसे अनुचित होगा। नियन्त्रण रेखा तो बदली भी जा सकती है।"

"तो इसका अर्थ है कि हम भी नियन्त्रण रेखा के उस पार जा सकते हैं। उसमें कुछ भी अनुचित नहीं होगा।"

"क्यों भारतीय सेना क्यों उसे पार करेगी। यह तो एक निर्बल पड़ोसी को सताना होगा।" वह तड़पकर बोला।

मुझे आज तक भोलाराम के मस्तिष्क की बनावट ही समझ नहीं आयी। मुझे केवल उस जन्तु का स्मरण हो आता है, जो जन्म लेते ही माँ के पेट को चीरकर, उसके जीवन का अन्त कर ही, धरती पर आता है।

"तो यह जो उनके अनुसार उनके मुजाहिदों ने जीता है, यह क्षेत्र गुलाम कश्मीर में होगा?" मैंने कहा।

"नहीं।" उसने स्वीकार किया, "है तो वह नियन्त्रण रेखा के इस पार ही; किन्तु अन्तर्राष्ट्रीय सीमा का उल्लंघन नहीं हुआ है। वहाँ अन्तर्राष्ट्रीय सीमा है ही नहीं, केवल नियन्त्रण रेखा है।"

"तुम तो ऐसे कह रहे हो भोलाराम! जैसे उनके सरताज अजीज ने कहा कि उन्होंने आतंकवादी भेजे तो हैं; किन्तु उन पर उनका नियन्त्रण नहीं है। अर्थात् भेजने तक तो आतंकवादियों पर उनका नियन्त्रण था, पर भेजने के बाद नहीं रह गया।" मैंने उसकी ओर देखा, "ठीक है?"

"ठीक है।" वह बोला।

"तो वे भी मान लें और तुम भी मान लो कि उन आतंकवादियों पर अब हमारा नियन्त्रण है।" मैं बोला, "अर्थात् भारतीय सेना या तो उनको मार चुकी है, या बन्दी बना चुकी है। दोनों में से कुछ नहीं हुआ है तो निकट भविष्य में या तो मार देगी या बन्दी बना लेगी।"

"क्यों? भारत को क्या अधिकार है कि वह पाकिस्तान के नागरिकों को अपने नियन्त्रण में ले।" वह बोला, "वे विदेशी हैं। हम उनके साथ दुर्व्यवहार नहीं कर सकते। यह तो मानव अधिकारों का हनन होगा।"

"तो उन्होंने हमारे सैनिकों को बन्दी कर यातना देकर क्यों मारा? वह मानव अधिकारों का हनन नहीं था?" मैंने कहा, "उनके शवों के साथ जो दुर्व्यवहार किया—यह सैनिक-समझौतों और सैनिक-परम्पराओं का हनन नहीं था?"

"वे तो कहते हैं कि उन्होंने ऐसा कुछ नहीं किया। उनका इससे कुछ लेना-देना ही नहीं है।" वह बोला।

"तो उनके शव उस स्थिति में कैसे पहुँच गये।" मैंने पूछा।

"उनको वे वैसे ही मिले होंगे।"

"तो उनकी सेना ने ही उनके साथ वैसा किया न।"

"नहीं! उनको वे वैसे ही मिले।" भोलाराम अड़ा रहा।

"अरे भाई! मान लो कि तुम्हारे मित्र पाकिस्तानी हमारी सीमा में नहीं घुसे। हमारे ही सैनिक उधर भटक गये। अब या तो पाकिस्तानियों ने उनको जीवित पकड़ा होगा या उनके बलिदान के पश्चात् उनके शव अपने अधिकार में लिये होंगे।"

"नहीं! उन्होंने ऐसा कुछ नहीं किया। उन्होंने वे शव देखे भी नहीं।"

"तो उन्होंने वे शव हमको लौटाये या नहीं?"

"लौटाये तो। यह तो मानवता की माँग थी।"

"उनके पास शव थे, तो ही तो उन्होंने लौटाये।" मैंने कहा, "उन्होंने उनको बन्दी भी नहीं किया। उनका वध भी नहीं किया। उनके पास वे शव आये कैसे?"

"उन्होंने बन्दी तो किया, पर न तो मारा, न शवों का अपमान किया।"

"तो शवों की वह स्थिति कैसे हो गयी?"

भोलाराम सोचता रहा। फिर बोला, “सम्भव है कि वे शव ही उधर चले गये हों। या भारतीय सेना जाकर उन्हें उधर छोड़ आयी हो। पाकिस्तान को बदनाम करने के लिए।”

“भारतीय सेना भी कोई पाकिस्तानी सेना है कि अपने सहस्रों लोगों को भारत में घुसपैठ कराये और फिर कह दे कि वे हमारे लोग ही नहीं हैं?”

“उनके लोग कहाँ हैं?”

“तो रावलपिंडी में सहस्रों लोग एकत्रित होकर पाकिस्तान की सरकार को चेतावनी दे रहे हैं, वे कौन लोग हैं।” मैंने कहा, “वे स्वीकार कर रहे हैं कि उन्होंने अपने लोग भेजे हैं। वे धमकी दे रहे हैं कि वे और लोग भेजेंगे। वे कह रहे हैं कि यदि उन्हें इस सारी दुष्टता से रोका गया तो वे पाकिस्तान की सरकार को नष्ट कर देंगे।”

“देखो। स्पष्ट हो गया न। भोलाराम प्रसन्न हो गया, “प्रमाणित हो गया न कि वे लोग पाकिस्तान की सरकार का कहना नहीं मानते। वे लोग अपनी इच्छा से भारत में घुस आये हैं।”

“वे पाकिस्तान में रहते हैं और पाकिस्तान की सरकार का कहना नहीं मानते।” मैं बोला, “वे पाकिस्तान की सरकार के पैसों पर पल रहे हैं। पाकिस्तानी सरकार के शिविरों में उनसे युद्ध-शिक्षा पा रहे हैं। उनसे हथियार लेते हैं और उनका कहना नहीं मानते।”

“हाँ! तुमको यही तो मालूम नहीं है कि पाकिस्तान में न तो सेना सरकार की बात मानती है, न आतंकवादी। पाकिस्तान की सरकार का उन पर कोई नियन्त्रण नहीं है।”

“तो नियन्त्रण करने का प्रयत्न करे।”

“कर नहीं सकती। उसके पास वह क्षमता ही नहीं है।”

“भोलाराम!”

“हाँ!”

“नपुंसक को विवाह करने की क्या आवश्यकता है?” मैंने कहा, “जब कोई कुछ मानता ही नहीं है तो नवाज शरीफ को प्रधानमन्त्री बनने का शौक क्यों है? छोड़ ही क्यों नहीं देते?”

“हाथ में आयी सत्ता कोई छोड़ता है?” वह बोला।

“अच्छा तो उनके पास सत्ता है, पर वह सत्ता कुछ कर नहीं सकती।” मैंने कहा, “अब तो सत्ता की परिभाषा भी बदलनी पड़ेगी।”

समता

रामलुभाया बहुत ही खीझा हुआ था। झुँझलाया हुआ भी कह सकते हैं। मुझे लग रहा था कि या तो वह दीवार से मारकर अपना सिर फोड़ लेगा या फिर वह मुझे ही काट खायेगा।

"आखिर बात क्या है?" मैंने पूछ ही लिया।

"बात क्या है?" उसने मुझे देखा, "पूछो कि क्या नहीं है।"

"क्या हो गया?" मैंने अपनी खोज जारी रखी।

"हमारे कॉलेज में विश्वविद्यालय अनुदान आयोग के नियम लागू कर दिये गये हैं।"

"तो कौन-सी आफत आ गयी?" मैंने उसे डाँट दिया, "नियम ही तो लागू किये गये हैं, अराजकता और अव्यवस्था तो नहीं थोपी गयी। नियम तो आवश्यक हैं। सारी सृष्टि नियमों पर ही तो चल रही है।"

"हो गये शुरू।" उसने मुझे बहुत ही कसैली आँखों से देखा, "तुमको तो उपदेश झाड़ने का अवसर मिलना चाहिए। मैं नियमों का विरोध नहीं कर रहा। मैं तो यह कह रहा हूँ कि वहाँ विश्वविद्यालय अनुदान आयोग के नियम लागू कर दिये गये हैं।..."

मैं भी हार नहीं मानना चाहता था। डपट ही तो दिया, "जब कॉलेज को पैसा विश्वविद्यालय अनुदान आयोग देगा तो नियम क्या तुम्हारे पिताजी के लागू होंगे? देखो, यह संसार का नियम है, जो पैसा देगा, नियम भी उसी के चलेंगे।"

"उसी के चलें।" उसने जैसे हथियार डाल दिये, "पर वे नियम तो हों, तमाशा तो न हो।"

"क्या तमाशा हो गया?" मेरी जिज्ञासा जाग उठी।

"उन्होंने छात्रों से अध्यापकों के विषय में उनकी राय माँगी है। राय क्या एक प्रकार से छात्रों से अध्यापकों का मूल्यांकन ही करवाया है।" वह बोला।

"तो क्या मुसीबत हो गयी?" मैंने कहा, "मूल्यांकन ही तो करवाया है, हत्या तो नहीं करवायी।"

"हत्या ही हो गयी है प्यारे।" वह बोला, "छात्रों ने खुले और स्पष्ट शब्दों में अपने कई अध्यापकों के विषय में कह दिया है कि उनसे अधिक ज्ञान तो स्वयं छात्रों को ही है। वे अध्यापक सर्वथा अयोग्य हैं। सम्भव है कि उनकी डिग्री जाली हो।"

"तो परेशान होने की क्या बात है। उनकी डिग्री की जाँच कराओ।" मैंने कहा।

"डिग्री ठीक है।" वह बोला, "और यह भी हम जानते हैं कि उन अध्यापकों में अपेक्षित योग्यता नहीं है।"

"तो ऐसे अयोग्य अध्यापक क्यों नियुक्त किये गये?" मैंने कुछ रोष में पूछा।

"किये गये?" वह दोगुने आवेश में बोला, "अरे उन्हें इसी विश्वविद्यालय अनुदान आयोग ने नियुक्त करवाया कि पिछड़े वर्गों के लोगों को अध्यापक नियुक्त करो।"

मैं अवाक् रह गया। मेरे पास कोई तर्क नहीं था। मैं जानता था कि विश्वविद्यालय अनुदान आयोग ने कोटे में अध्यापक नियुक्त करवाये थे।

"तो ऐसा करो। वे अध्यापक तो नियुक्त होने ही थे। हमें अपने पिछड़े वर्गों को आगे तो बढ़ाना ही है।"

"इससे तो अगले वर्ग भी पिछड़ जायेंगे," वह बोला, "पिछड़े वर्ग क्या खाक आगे आयेंगे। ज्ञान का उत्स ही बन्द कर दिया तो लड़के क्या करेंगे।"

"जो भी है।" मैंने कहा, "अब जब तुम जानते हो कि छात्रों से उनका मूल्यांकन करवाना उचित नहीं है, क्योंकि उससे छात्रों के मन में उनके प्रति सम्मान नहीं रहेगा, उनके ऐसे मूल्यांकन की शर्त मत रखो।"

"मत रखो।" वह चिल्लाया, "यह भी तो उसी विश्वविद्यालय अनुदान आयोग का ही निर्णय है। हम कौन होते हैं, मूल्यांकन करवाने और न करवानेवाले।"

"यार तुम्हारे कॉलेज की स्थिति तो भोलाराम के घर की-सी हो रही है।" मैं बोला, "उसकी पत्नी हर समय उसके साथ लड़ती है और उसे बताती है कि नारी किसी भी प्रकार योग्यता में पुरुष से कम नहीं है।"

"ठीक ही तो कहती है।" रामलुभाया बोला, "दोनों की योग्यता में क्या भेद है?"

"भेद इतना ही है कि खाना पकाने के समय कहती है कि स्त्री और पुरुष समान हैं, इसलिए वह खाना नहीं पकायेगी और सामान लादकर चलना होगा तो तुरन्त उसके पौरुष को धिक्कारने लगेगी कि वह कैसा पुरुष है, सामान उठाने के लिए कुली को पैसे देता है, स्वयं क्यों नहीं उठाता।"

"और मेरी पत्नी क्या करती है," रामलुभाया बोला, "राजनीतिज्ञों के भड़काऊ भाषण सुनकर आयेगी और कहेगी कि तुम्हारे लिए चाय नहीं बनाऊँगी। शताब्दियाँ हो गयीं, महिलाओं को पुरुषों के लिए चाय बनाते हुए, अब नहीं बनायेंगी चाय।"

"फिर?" मैंने पूछा।

"फिर अपनी चाय बनाने के लिए फ्रिज में झाँकेगी और देखेगी कि दूध नहीं है। मैं भी हठ में उसके लिए दूध न लाने की बात कहूँगा तो कहेगी, शरम तो नहीं आती, पुरुष होकर घर में बैठे रहोगे और मैं औरत होकर दूध लेने डेयरी माता तक जाऊँगी। धिक्कार है तुम पर। चूड़ियाँ क्यों नहीं पहन लेते तुम।"

"मैं दूध ला देता हूँ तो फिर रसोई से पुकारेगी। गैस का सिलेंडर बदल दो।"

"तुम कहते नहीं कि स्वयं बदल लो। महिलाएँ किस बात में कम हैं।"

"कहता हूँ तो कहती है, ये सब मर्दों के काम हैं।" रामलुभाया बोला, "उसके बाद ऊपर के खाने से चाय उतारने के लिए बुलाती है, वहाँ तक उसका हाथ नहीं पहुँचता।"

"तुम मना क्यों नहीं कर देते?"

"महिला आयोग तक जाने की धमकी देती है।" रामलुभाया बोला।

"तो?"

"तो क्या। घर में क्लेश न हो, इसलिए चुपचाप उस हिटलर के आदेशों का पालन करता रहता हूँ।" वह बोला, "सरकारी दफ्तर में धक्के खाने हों, बिजली, पानी, टेलिफोन का मामला निपटाना हो, गाड़ी की मरम्मत करानी हो, पुलिस से निपटना हो, अस्पताल में चक्कर काटने हों, पैसों का प्रबन्ध करना हो, झगड़े-फसाद का सामना करना हो तो मैं पुरुष होता हूँ और वह स्त्री; शेष कामों में स्त्री-पुरुष की समानता का पालन होता है। न हो तो महिला आयोग की धमकी होती है।"

"यह चुहल का विषय नहीं है रामलुभाया!" मैंने कहा, "इस उखाड़-पछाड़ से समाज का क्या होगा?"

"चुहल कौन कर रहा है। मैं तो अपनी पीड़ा सुना रहा हूँ।" उसने इधर-उधर देखा, "और तुम तो जेल जाओगे, समाज की बहुत चिन्ता है न तुमको।"

शोक

मुझे सूचना मिली कि रामलुभाया के परिवार में एक मृत्यु हो गयी है। मैं जानता हूँ कि मृत्यु का शोक सबको होता है किन्तु रामलुभाया की जो स्थिति हो जाती है, उसका ध्यान करते हुए मैं तत्काल उसके घर की ओर चल पड़ा।

घर के कपाट उसी ने खोले। मैंने चुपचाप हाथ जोड़ दिये। उसने मुझे बैठने का संकेत किया और मैं बैठ गया।

"क्या हुआ रामलुभाया? सुना तुम्हारे परिवार में कोई शोक का समाचार है।"

"हाँ" उसने कहा, "मेरी भतीजी का निधन हो गया है। छोटी-सी अवस्था में ही चली गयी। एक छोटी-सी बच्ची है उसकी।"

"बहुत दुख हुआ।" मैंने कहा।

"ठीक है।" वह बोला, "पर प्रश्न है कि मैं वहाँ जाऊँगा कैसे? जाना तो आवश्यक है न!"

"जाना तो आवश्यक है ही। इतनी कम अवस्था में ऐसी त्रासद मृत्यु हो जाये तो जाना तो उचित ही है। फिर भतीजी भी तो बेटी ही होती है।" मैंने अपनी ओर से सान्त्वना दी।

"यही तो मैं भी कह रहा हूँ। पर कोई सुनता भी है।" वह खीजकर बोला।

"कौन नहीं सुनता?" मैंने कुछ चकित होकर कहा, "कौन नहीं सुनता?"

"रेलवाले।" वह क्षुब्ध स्वर में बोला, "कहीं किसी गाड़ी में किसी श्रेणी का टिकट उपलब्ध नहीं है।"

"हाँ! इन दिनों तो गर्मी की छुट्टियाँ हैं। सारा देश इधर से उधर हो रहा होगा। रेल का टिकट कहाँ से मिलेगा।"

"तो बिना टिकट तो मैं जा नहीं सकता।" वह रो दिया, "और फिर पैदल या स्कूटर पर जाने की तो दूरी नहीं है न। रेलगाड़ी में भी चौबीस घंटे लगते हैं।"

“किसी ट्रेवेल एजेंट को कुछ अधिक पैसे देकर ले लो।” मैंने कहा, “ऐसे समय में सिद्धान्तों की बात कौन सोचता है।”

“भाड़ में गये सिद्धान्त।” वह बोला, “कर चुका वह सब भी। पर एजेंट कहता है कि इन दिनों यह सब सम्भव नहीं है। टिकट तो मिल जायेगा, पर प्रतीक्षा सूची का। उसे लेकर मैं क्या करूँगा? प्रतीक्षा ही करता रहूँगा न!”

“ले लो।” मैंने ऊपरी मन से कहा, “शायद बारी आ जाये।”

“मैं टिकट के ढेर सारे रुपये देकर सामान समेत स्टेशन जाऊँ और गाड़ी में जगह न होने पर आधी रात को लौटकर घर आऊँ। क्या होगा उस टिकट का।”

“तो एक दिन आगे का टिकट ले लो न।”

“उससे क्या होगा। अगले दिन भी लौटकर आऊँगा। टिकट यदि मिल सकता है तो एक महीने बाद का।” वह बोला, “जाना मुझे आज है। आज नहीं जाता, कल चला जाऊँगा, परसों चला जाऊँगा। एक महीने बाद जाकर क्या करूँगा।” वह फिर से रुआँसा हो गया था।

“कोई रोग था तुम्हारी भतीजी को?” मैंने बात का विषय बदलने का प्रयत्न किया। मैं उसकी भतीजी के देहान्त पर शोक प्रकट करने आया था, रेल की समस्या का समाधान करने नहीं।

“रोग तो था। पर यह कहने पर रेलवाले मुझे कोई पक्की टिकट देंगे? वे तो अपना वही राग अलाप रहे हैं कि बर्थ नहीं है।”

“हाँ! यह समस्या तो है।” मैंने स्वीकार किया, “जब बर्थ नहीं है, तो वे भी क्या करें।”

“बर्थ नहीं है तो और रेलगाड़ियाँ चलायें। अब आदमी किसी के जीने-मरने पर भी नहीं पहुँच सकता तो क्या लाभ इस रेल मन्त्रालय का?”

“और गाड़ियाँ नहीं चल सकतीं, रामलुभाया!” मैंने उसे समझाया, “अपनी पटरियों पर पहले ही इतना बोझ है गाड़ियों का कि किसी समय पटरियाँ खाली ही नहीं होतीं। नयी गाड़ी चले कहाँ से।”

“तो नयी लाइनें बिछायें।” वह बोला, “यह भी कोई बात है।”

“नयी लाइनें बिछा तो रहे हैं, पर वह पर्याप्त नहीं हैं शायद।”

“तो और बिछायें।”

“और लाइनों के लिए भूमि चाहिए। पैसा चाहिए।” मैंने कहा।

“तो वह भूमि और पैसा मैं दूँगा क्या?” उसने खीजकर कहा, “रेलगाड़ी

में बर्थ नहीं है और अस्पतालों में बर्थ रेट बढ़ता जा रहा है। आखिर इतने बच्चे पैदा क्यों हो रहे हैं?"

"अच्छा रामलुभाया!" मैं उठ खड़ा हुआ, "चलता हूँ। तुम वहाँ हो आओ, तो मिलूँगा।"

"हो तो तब आऊँ, जब टिकट मिले।"

मैं चल पड़ा और रास्ते-भर सोचता आया कि शोक किसका किया जाये?

तृष्णा

समाचारपत्र में पढ़ा कि रामलुभाया ने कल अपने एक भाषण में मुसलमान लड़कों के लिए एक कॉलेज खोलने का प्रस्ताव किया है। मैं कुछ चकित हुआ। कॉलेज खोलने की बात तो ठीक थी, किन्तु वह केवल मुसलमान लड़कों के लिए क्यों हो?

रामलुभाया से भेंट हो गयी तो मैंने यह प्रश्न उसके सामने रख दिया।

"कॉलेज खोलने में कोई बुराई है क्या?" वह रुष्ट हो गया, "कॉलेज खोलने को कहा है, कोई मदिरालय खोलने को तो कहा नहीं है।"

"नहीं कॉलेज खोलने में क्या बुराई है।" मैंने कहा, "वैसे भी वह क्षेत्र ऐसा है जहाँ सौ किलोमीटर तक कोई कॉलेज नहीं है। परिणाम यह है कि या तो लड़के पढ़ते नहीं हैं, या फिर बेचारे दो-तीन सौ किलोमीटर दूर के नगरों में जाकर छात्रावास में रहकर पढ़ते हैं। लड़कियाँ तो पढ़ ही नहीं पातीं।" मैंने रुककर उसकी ओर देखा, "पर तुमने वह कॉलेज केवल मुसलमान लड़कों के लिए ही क्यों आरक्षित कर दिया?"

"अल्पसंख्यकों की सहायता करनी चाहिए।" वह बोला।

"शिक्षा तो सबको मिलनी चाहिए।" मैंने कहा, "उसमें अल्पसंख्यक और बहुसंख्यक क्या होता है। यदि वह एक सामान्य कॉलेज होगा तो क्या मुसलमान लड़के उसमें नहीं पढ़ेंगे?"

"बेकार की बातें मत करो।" उसने मुझे डाँट दिया, "मैं अल्पसंख्यकों की सहायता करना चाहता हूँ।"

"तो फिर मुसलमान लड़कियों के लिए कॉलेज खोलो।" मैंने कहा, "वह अल्पसंख्यकों में भी दमित वर्ग है।"

"नहीं।' वह घबराकर बोला, "उससे तो मुसलमान नाराज हो जायेंगे।"

"तुम उनको शिक्षित करना चाहते हो अथवा उनकी प्रसन्नता के लिए लालायित हो?"

इस बार वह झल्ला गया, "तुम समझते तो कुछ हो नहीं और बोलते बहुत हो।" "क्या नहीं समझता मैं?"

"मुझे न उनकी शिक्षा चाहिए, न उनकी प्रसन्नता। मुझे तो उनके वोट चाहिए। वस्तुतः वह भी नहीं चाहिए। मुझे तो चुनाव जीतकर सत्ता प्राप्त करनी है, उसके लिए जो भी करना पड़े।"

"तो यह बात है।"

"और क्या।" उसने अपनी पीड़ा कही, "नेता बनने की योग्यता मुझमें है नहीं, न मैं समाज को कुछ नया दे सकता हूँ। पर गद्दी तो चाहिए ही चाहिए, चाहे जो कुछ करना पड़े। उसके लिए लोगों को बाँटूँगा, उन्हें एक-दूसरे का शत्रु बनाऊँगा, देश के टुकड़े करवाऊँगा। तभी तो मेरी बारी आयेगी। तुम्हारे साहित्यकार अपने अग्रजों को काटने के लिए साहित्य को दशकों में नहीं बाँट रहे?"

"पर वह तो केवल वैज्ञानिक अध्ययन के लिए होता है।"

"और जो पहली पुस्तक पर, या तीस वर्ष से कम अथवा चालीस वर्षों से कम के लेखक के लिए पुरस्कार रखा जाता है?"

"यदि उसका लक्ष्य अपने अग्रजों और अधिक अनुभवी लोगों को एक किनारे लगाना है तो वह अनुचित है।"

"होगा अनुचित, पर वह लाभदायक है।" रामलुभाया बोला, "मुझे भी जिसमें लाभ है, वही करूँगा।"

"तुम्हें लगता है कि मुसलमान लड़कों के लिए एक कॉलेज खोलने का प्रस्ताव कर तुम चुनाव जीत जाओगे?" मैंने कहा, "इससे हिन्दू रुष्ट नहीं होंगे?"

"कुछ सिरफरे रुष्ट होंगे।" वह हँसा, "उससे क्या? अधिकांश हिन्दू प्रगतिशील और असाम्प्रदायिक कहलवाने के चक्कर में मुझे मत देंगे। कुछ मेरे भय से देंगे, कुछ मेरे साथ सत्ता बाँटने के लोभ में देंगे।"

मैं उसकी ओर देखता रह गया.. वह मूर्ख नहीं था, धूर्त, नीच और स्वार्थी चाहे अधम कोटि का हो।

"पर एक कॉलेज से वे प्रसन्न हो जायेंगे?"

"एक कॉलेज ही क्यों?" वह बोला, "मैं मुहल्ले में मन्दिर का विरोध कर मसजिद बनवा दूँगा।"

"इस दिशा में बढ़ते जाओगे तो एक और पाकिस्तान बनवाओगे।" मैंने कहा।

"पाकिस्तान बन गया तो वे मुझे पीटेंगे, राज नहीं देंगे।" वह हँसा, "इसलिए उनका मन जीतने के लिए पाकिस्तान के प्रति सहानुभूति जताऊँगा। हमें गरीबों से बहुत सहानुभूति है। आज पाकिस्तान एक गरीब देश है। हमें उसकी सहायता करनी चाहिए।"

“अपने लोगों के मुख से रोटी का कौर छीनकर उनके मुख में डालना चाहते हो, जिन्होंने देश को बाँटा और अब परमाणु अस्त्र बना रहे हैं, हमें मारने के लिए?”

“मुझे राज चाहिए।” वह बोला, “मैं पाकिस्तान की तो क्या, मुसलमानों की सहानुभूति जीतने के लिए अफगानिस्तान में अपनी सेनाएँ भेजकर, अपने सैनिकों का रक्त बहाकर, उसे जीतकर उसमें एक इस्लामिक शासन स्थापित कर दूँगा और उन्हें अपने आतंकवादी कश्मीर में भेजने में उनकी सहायता करूँगा।”

“इतने पर भी वे प्रसन्न न हुए तो अरब देशों के शेखों का मन जीतना।” मैंने दाँत पीसे, “शायद उससे भी तुम्हें कुछ मुसलमानों की सहानुभूति मिल जाये।”

“अच्छा विचार है।” वह बोला, “इस ओर मेरा ध्यान ही नहीं गया। उन्हें क्या पसन्द है?”

“स्त्रियाँ।” मैंने कहा।

“ठीक है।” वह किसी पिशाच के समान मुस्कराया, “उनकी भी इच्छा पूरी की जायेगी।”

अगली बार

रामलुभाया ने आते ही मेरे चरण छू लिये। मैं समझ गया कि उसके जीवन में कोई सुखद घटना घटी है। ऐसे समय में आकर वह मेरे चरण स्पर्श कर प्रणाम करता है। मुझसे आशीर्वाद माँगता है। मैं उसका गुरु जो ठहरा। आज भी उसने चरण छुये तो मैंने स्वयं को किसी बहुत अच्छे समाचार के लिए तैयार कर लिया।

इतने में मेरी दृष्टि उसके हाथ की ओर चली गयी। आज वह खाली हाथ नहीं आया था। उसके हाथ में एक सुन्दर से कागज में बँधा हुआ मिठाई का डब्बा भी था। इसका अर्थ था कि समाचार कुछ अधिक ही बड़ी उपलब्धि का था। या फिर उसकी गुरुभक्ति का स्तर पहले से कुछ और ऊँचा उठ कया था।

"क्या बात है रामलुभाया?" मैंने पूछा, "कोई बहुत अच्छा समाचार है?"

"गुरुजी! समझिये कि मेरे जीवन की सबसे बड़ी महत्त्वाकांक्षा पूरी हो गयी।"

मैंने मन ही मन उसके लिए भगवान् से प्रार्थना की "हे प्रभु! इसकी रक्षा कर। यदि चढ़ती जवानी में ही उसकी सबसे बड़ी महत्त्वाकांक्षा पूरी हो गयी तो बेचारा शेष सारा जीवन किसके सहारे काटेगा?"

"क्या हुआ रामलुभाया? कुछ बताओ भी तो।"

उसने अपने मुख से कुछ कहा नहीं। बस उस डब्बे को खोलने लगा। उसके चेहरे पर अपनी उमड़ती हुई भावनाओं को संयत करने की खींचतान थी। शायद इसलिए बोल नहीं पा रहा था। मेरे साथ भी प्रायः ऐसा ही हो जाता है। बहुत भावुक हूँ न। जब कुछ कहने का अवसर आता है तो कंठ ही बँध जाता है। पर ऐसा तो नहीं हो सकता कि डब्बे की मिठाई से मैं यह जान सकूँ कि उसे किस चीज की प्राप्ति हुई है। नहीं! कुछ-कुछ समझ भी सकता हूँ। लड्डू हुए तो पुत्र प्राप्ति, बरफी हुई तो नयी नौकरी, बासी मिठाई हुई तो उसके ससुराल में हुए किसी विवाह की सूचना...

उसने डब्बा खोल डाला। यह डब्बा नहीं था, एक पुस्तक थी।

"गुरुजी! आपके आशीर्वाद से मेरी पहली पुस्तक छपकर आ गयी है।"

वह बोला, “आपने हाथ पकड़कर लिखना सिखाया है तो पुस्तक की पहली प्रति आपको ही देने का मन था। इसलिए प्रकाशक के यहाँ से सीधा आपके ही पास चला आ रहा हूँ।”

बात तो प्रसन्नता की थी। पहली पुस्तक के प्रकाशित हो हाथ में आने का सुख तो कोई लेखक ही समझ सकता है। मैंने हाथ बढ़ाकर पुस्तक ले ली और उसके पृष्ठ उलटने लगा।

“गुरुजी! वैसे तो मैं यह पुस्तक आपको ही समर्पित करनेवाला था। उसके लिए आपसे अधिक उपयुक्त और कौन व्यक्ति होता।” उसने कहा, “पर मेरे माता-पिता बहुत उम्मीद बाँधे हुए थे। अब उनसे बढ़कर मेरे लिए और कौन है। वैसे तो गुरु भी पिता के ही समान होता है। फिर भी माता-पिता तो आप जानते ही हैं...वे लोग मेरे जीवन में आपसे भी पहले आये थे।...”

“कोई बात नहीं रामलुभाया! तुमने पुस्तक अपने माता-पिता को समर्पित की, यह अच्छा ही किया। पहली पुस्तक उन्हीं को समर्पित होनी चाहिए थी।...”

“नहीं गुरुजी! उनसे पहले अधिकार तो आपका ही बनता है। वे मेरे जीवन में पहले आये किन्तु लिखना तो आपने ही सिखाया। पर उन्हें बुरा लगता..।”

“कोई बात नहीं।” मैंने उसे सान्त्वना दी, “तुम ऐसा न करते तो मुझे ही बुरा लगता।”

रामलुभाया सन्तुष्ट हो गया।

उसकी दूसरी पुस्तक प्रकाशित हुई तो वह फिर पिछला दृश्य ही दोहरा गया, “गुरुजी! पुस्तक तो आपको ही समर्पित करनी थी; किन्तु क्या करूँ। युनिवर्सिटी के प्रोफेसर को समर्पित न करता तो वे मेरी नौकरी के मार्ग में रोड़े अटकाने लगते। अब उनके पास तो ऐसा पद और अधिकार है कि वे हमारा जीवन बना-बिगाड़ सकते हैं। (आपको जो बनाना था, वह आप बना चुके, बिगाड़ तो आप कुछ सकते ही नहीं।) आप मेरे मन में झाँककर देखें तो पायेंगे कि यह पुस्तक क्या मेरा समस्त लेखन आपको ही समर्पित है, पर मामला नौकरी का है न। इसलिए पुस्तक उनको समर्पित कर दी। आप मेरी मजबूरी समझते हैं न!”

मैंने उसे आश्वस्त कर भेज दिया कि मैं उसकी मजबूरी को उससे भी अच्छी तरह समझता हूँ और इससे तनिक भी रुष्ट नहीं हूँ।

उसकी तीसरी पुस्तक आयी तो वह उसकी जीवन संगिनी को समर्पित थी। उसकी अगली पुस्तक उसे अपने सास-ससुर को समर्पित करनी पड़ी, क्योंकि उसकी पत्नी ऐसा चाहती थी। गुरु के प्रति समर्पण भाव तो उसमें

बहुत था; किन्तु उसके कारण घर में क्लेश तो कोई नहीं चाहता। उसके पश्चात सन्तान का जन्म होने लगा तो उसने अपनी भावना मुझे समर्पित कर दी और पुस्तक अपनी सन्तान को। आखिर तो वह पुस्तक उत्तराधिकार में पुत्र को ही मिलनी थी।

उसकी एक बड़ी और अब तक की सबसे महत्त्वपूर्ण पुस्तक प्रकाशित होनेवाली थी। वह चाहता था कि मैं उसके लिए भूमिका लिख दूँ। मेरी भूमिका के बिना उसकी पुस्तक प्रकाशित हो, यह तो वह कभी सहन ही नहीं कर सकता था। मैं जीवन को उसके लिए असह्य नहीं बनाना चाहता था। आखिर तो वह मेरा प्रिय शिष्य था। अपने हाथ से लगाये पौधे को कहीं कोई उदास देख सकता है? बाध्य होकर मैंने उसकी पुस्तक के लिए भूमिका लिख दी। अपनी पुस्तक के लिए चाहे कभी लिखी न हो।

पुस्तक छपकर आयी तो वह एक बड़े अधिकारी और उसकी प्रिया पत्नी को समर्पित थी। वस्तुतः उसके मन की भावनाओं के अनुसार तो वह पुस्तक मुझे ही समर्पित थी, पर पुरस्कार देनेवाले तो वे अधिकारी महोदय थे। यदि पुस्तक उनको समर्पित न की होती वे पुरस्कार उसे नहीं मिलता। (वह वैसे भी उसे नहीं मिला।) उनकी पत्नी का नाम भी इसीलिए डाल दिया था कि घर से भी कुछ दबाव पड़ सके। पुस्तक तो अब किसी और को समर्पित हो चुकी थी; किन्तु वह चाहता था कि उस पर होनेवाली गोष्ठी की अध्यक्षता मैं कर दूँ। यदि उसे गुरु का आशीर्वाद ही नहीं मिला तो उसका तो जीवन ही व्यर्थ हो जायेगा। उसका जीवन सार्थक करने के लिए मैंने गोष्ठी की अध्यक्षता स्वीकार कर ली। गोष्ठी के एक दिन पहले गोष्ठी का छपा हुआ, निमन्त्रणपत्र आया। उसमें अध्यक्ष के रूप में एक प्रसिद्ध विद्वान का नाम छपा था। और वह मेरे सामने हाथ जोड़े खड़ा था, "आप आशीर्वाद देने अवश्य आयें। मैं तो यही चाहता था कि अध्यक्षता आप करें किन्तु क्या करता, यदि इन महोदय से अध्यक्षता न करवाता तो ये रुष्ट हो जाते और हिन्दी साहित्य के इतिहास में मेरा नाम कभी अंकित न होता। अब पुस्तक लिखी है तो हिन्दी साहित्य में अपना नाम अंकित करवाना भी तो आवश्यक है। लिखना तो मुझे आप ही ने सिखाया है। यह आप भी जानते हैं और मैं भी। इससे अधिक और क्या चाहिए। संसार को क्या लेना-देना इससे। उसके मन में मेरे प्रति उतनी ही श्रद्धा थी; किन्तु गोष्ठी की अध्यक्षता तो वह किसी और से ही करवाने को बाध्य था। पर यह तय था कि उसकी पुस्तक पर होनेवाली अगली गोष्ठी की अध्यक्षता मुझे ही करनी थी।...

मुझे सब्बरवाल साहब याद आ गये। वे अपने सरकारी काम से प्रायः

अमृतसर जाया करते थे। वहाँ उनका एक परिचित भोलाराम रहा करता था। वह शाम को बाजार में उनसे टकरा जाता, “अरे, तू अमृतसर आया है सब्बरवाल! कहाँ ठहरा है?”

“दिल्ली होटल में।”

“अगली बार आयेगा तो मेरे घर पर ठहरना।” भोलाराम प्यार जताता, “यह तो बहुत ही बुरी बात है कि मेरे शहर में होते हुए भी तू होटल में ठहरे।”

दुखी होकर सब्बरवाल साहब ने मुझसे पूछा, “आप बता सकते हैं कोहली साहब! कि भोलाराम मुझे अगली बार अपने घर में ठहरने का निमन्त्रण क्यों देता है, इस बार ही अपने घर में क्यों नहीं ठहराता?”

“यदि कोई मुझे यह बता दे कि कांग्रेस सदा अगले चुनाव के बाद ही देश को स्वच्छ प्रशासन देने का वचन क्यों देती है, इस बार ही अपने पापों का प्रायश्चित्त क्यों नहीं कर लेती, तो मैं भी आपको भोलाराम के अगली बार अपने घर में ठहरने के निमन्त्रण का कारण बता दूँगा।”

भिखारी और सम्मान

चौराहे की लालबत्ती पर गाड़ी रुकी तो एक भिखारी ने आकर रामलुभाया के सामने हथेली फैला दी।

न चाहते हुए भी रामलुभाया को उसकी ओर देखना पड़ा। उसके कपड़े फटे हुए थे और उसने चेहरे पर कालिख पोत रखी थी। चेहरे पर बड़ा करुण भाव था, जैसे संसार में सबसे अधिक दुखी वही हो।

रामलुभाया को बहुत लज्जा आयी। कोई भीख माँगे, इसमें उसे तनिक भी आपत्ति नहीं थी, पर इस प्रकार गन्दे और वीभत्स बनकर भीख माँगने की क्या आवश्यकता थी। अभी रामलुभाया के स्थान पर कोई विदेशी नागरिक आकर यहाँ इस लालबत्ती पर रुकेगा तो यह भिखारी उसके सामने भी इसी प्रकार दाँत निपोरता खड़ा हो जायेगा। उसे न तो अपने सम्मान का विचार है, न अपने व्यवसाय के सम्मान का और न देश के सम्मान का।

रामलुभाया सारा दिन सिर धुनता रहा। क्या देश की निर्धनता को नहीं हटाया जा सकता? जब इन्दिराजी ने भी कह दिया था कि गरीबी हटाओ। तब भी कोई माई का लाल इसे नहीं हटा सका था। यह तो अंगद के पाँव के समान अपने देश में जम गयी है। तो क्या किया जाये। गरीबी है तो रहे, पर विदेशियों के सम्मुख अपने देश के सम्मान की तो रक्षा होनी ही चाहिए।

अगले दिन विधानसभा में रामलुभाया ने अपने मित्रों से चर्चा की तो मित्र ने पूछा, "क्यों? क्या विदेशों में भिखारी नहीं होते?"

तत्काल दो गुट बन गये। एक का कहना था कि विदेशों में भिखारी हो ही नहीं सकते। साम्यवादी देश भिखारी को देखते ही गोली मार देते हैं और पूँजीवादी देश इतने धनी हैं कि वहीं भीख माँगने की आवश्यकता ही नहीं होती। वहाँ तो बेरोजगारी का भत्ता ही इतना अधिक मिलता है कि लोग कोठियों में रह सकते हैं और आलीशान गाड़ियों में घूम सकते हैं। तो फिर कोई भीख क्यों माँगेगा?

दूसरा गुट मानता था कि भिखारी तो अमरीका में भी होते हैं, पर वे भीख नहीं माँगते, कोट, पैंट, टाई में आते हैं और सहायता माँगते हैं। भीख और

सहायता में अन्तर है। उनमें भीख माँगते हुए भी एक प्रकार का आभिजात्य होता है। उन्हें देखकर किसी को अपने देश का अपमान होता दिखायी नहीं देता। और इतने पर भी किसी को सीधी सादी भीख ही माँगनी होती है, वह भारत में आ जाता है।

विवाद कुछ इतना जोरदार हुआ कि रामलुभाया ने विधानसभा में एक प्रस्ताव रख दिया, "अपने देश के भिखारियों को कुछ इस प्रकार प्रशिक्षित किया जाये कि वे चाहे नगर के चौराहे पर भीख माँगें, पर अपने देश का अपमान न करें। उन्हें अपने व्यवसाय का कोई ढंग आना चाहिए, जैसे कि अमरीका में कोई भिखारी किसी पार्क के एक कोने में खड़ा होकर गिटार बजाता रहता है और लोग जानते हैं कि उसे भीख चाहिए। उससे उसकी सहायता भी हो जाती है और देश का अपमान भी नहीं होता।"

"इसको सीखने के लिए तो भिखारियों को अमरीका जाना होगा।" एक विधायक ने कहा, "और यह आवश्यक तो नहीं है कि प्रत्येक भिखारी के पास इतना धन हो कि वह अमरीका जाने और वहीं रहकर भिखारियों के तौर-तरीके सीखने का खर्च उठा सके।"

आपत्ति गम्भीर थी। रामलुभाया ने देखा, अपने देश के भिखारी अमरीका जाते-जाते रोक दिये गये थे। ऐसा तो अमरीकी दूतावास भी कर सकता था, पर अपने देश के विधायक ऐसा क्यों कर रहे हैं? कुछ दुष्ट विधायकों को गरीबों के साथ तनिक भी सहानुभूति नहीं थी। वे नहीं चाहते थे कि कोई गरीब भिखारी अमरीका जाये।

"तो ऐसे गरीब भिखारियों को सरकार सब्सिडी दे। उनको आर्थिक सहायता दी जाये, ताकि वे सम्मानजनक ढंग से अपना काम करने का प्रशिक्षण प्राप्त कर सकें। आखिर वे भी तो श्रमिक हैं। अपना पसीना बहाते हैं और अपना पेट पालते हैं। भीख माँगना कोई आसान काम नहीं है।" वह बोला, "यह बहुत ही बुरी बात है कि देश के कुछ प्रतिनिधि विधायक बनते ही समाज के सबसे पिछड़े लोगों की प्रगति के मार्ग की बाधा बन रहे हैं।"

"हमारे देश में इतने भिखारी हैं, रामलुभायाजी! कि उन सबको प्रशिक्षण के लिए अमरीका भेजने में हमारा देश ही भिखारी हो जायेगा।" एक युवा विधायक ने कहा।

"तो इसका अर्थ है कि मूल समस्या भिखारियों की निर्धनता नहीं, उनकी जनसंख्या है। क्यों न उनकी जनसंख्या कम करने का प्रयत्न किया जाये?" एक अन्य विधायक ने कहा।

भोलाराम तड़पकर उठ खड़ा हुआ, "मैं इस अनुचित प्रस्ताव का विरोध

करता हूँ। भिखारियों की जनसंख्या क्यों कम की जाये? जनतन्त्र तो है ही संख्या का खेल। इसमें किसी भी वर्ग की जनसंख्या कम करने का अर्थ है—उनके जनतान्त्रिक अधिकारों का हनन। आप सारे भिखारियों को नहीं भेज सकते तो उनकी जनसंख्या के अनुपात में उन्हें अमरीका भेजे जाने की नीति स्वीकार की जाये। अन्धे भिखारी, लंगड़े भिखारी, कोढ़ी भिखारी इत्यादि-इत्यादि, जितने प्रकार के भिखारी हैं, उनकी जनसंख्या के अनुपात में उन्हें अमरीका भेजा जाये।"

"मैं इसका विरोध करता हूँ। यह जनतन्त्र से धोखा है।" तृप्तिराम बोला, "होना यह चाहिए कि ब्राह्मण भिखारियों की संख्या के अनुपात में ब्राह्मण और पिछड़ी जातियों के भिखारियों की संख्या के अनुपात में उनके प्रतिनिधि। अल्पसंख्यकों के अनुपात में..."

"और भिखारिनों की संख्या के अनुपात में...।"

"और उनके साथ उन्हीं की जाति का एक मैनेजर भी जाना चाहिए, जो विधायक भी हो।"

"नहीं विधायक होना आवश्यक नहीं है, उस जाति का कोई भी नेता जा सकता है...।"

झगड़ा काफी बढ़ गया था और आगे बढ़ते ही जाने की सम्भावना थी।

"सुनो! सुनो!! सुनो!!! मेरे मन में एक बात आयी है।" रामलुभाया ने ऊँचे स्वर में कहा, "मेरा विचार है कि हम सब उस पर सहमत ही नहीं, एकमत होंगे।"

"क्या? क्या?? क्या???"

"क्यों न सभी जातियों के प्रतिनिधि विधायकों को ही अमरीका भेज दिया जाये, ताकि वे सीखकर आयें कि देश के सम्मान की रक्षा करते हुए भीख कैसे माँगी जा सकती है। भिखारियों को भेजने की आवश्यकता ही क्या है। विधायकों को कुछ अनुभव पहले ही है, कुछ और हो जायेगा। वे लौटकर अपनी जाति के भिखारियों को अपने-आप प्रशिक्षण दे लेंगे।"

"हाँ! यह ठीक है।" सदन में ध्वनिमत से प्रस्ताव पारित हो गया।

धन्यवाद

सभा में रात को बहुत विलम्ब हो गया था। रामलुभाया हॉल में बैठा तो रहा किन्तु उसका रक्त उफनता ही रहा। किसी को चिन्ता ही नहीं थी कि लोगों को घर भी जाना है। सबकी चिन्ता यह थी कि वह अधिक-से-अधिक बोल ले, कहीं किसी से कुछ छूट न जाये। अन्तिम वक्ता के बैठते ही रामलुभाया ने घर की राह ली। पर जाने क्या हुआ कि उसे लगा कि वह कुछ भूल रहा है। उसका कुछ छूट रहा है। सभा से घर जाते हुए उसे एक क्षण को भी नहीं लगा कि वह कुछ प्राप्त करके जा रहा है। उसके विपरीत यही लगता रहा कि उसका कुछ खो गया है। जैसे उसको कुछ मिलना था और अपनी त्वरा में वह उसे छोड़ आया है।

घर पहुँचकर भी वह इस अनुभूति से मुक्त नहीं हुआ। भोजन करते हुए भी उसे निरन्तर यही लगता रहा कि अपनी किसी भूल के कारण वह वंचित हुआ है। सोने के लिए लेटा तो उसे ध्यान आया कि सभा के अन्त में श्रोताओं को धन्यवाद दिया जाना था। अपनी शीघ्रता में वह उसे छोड़ आया है और अब कुछ नहीं हो सकता। वह लौटकर सभास्थल पर जाये भी तो उसे वहाँ कोई नहीं मिलेगा। सब अपने-अपने घर जा चुके होंगे और लम्बी तानकर सो रहे होंगे। किसी को चिन्ता नहीं होगी कि रामलुभाया को उसका धन्यवाद नहीं मिला है। धन्यवाद को कोई ऐसी चीज भी नहीं मानता कि भूलचूक लेनीदेनी में उसे बाद में किसी समय दे दिया जाये। यहाँ तो जो गया, सो गया। चार घंटे वहाँ बैठा सुनता रहा। बोलनेवालों का स्वागत किया गया, उन्हें फूल दिये गये। उनकी प्रशंसा की गयी। श्रोता के रूप में तो उसे धन्यवाद ही मिलना था। उस धन्यवाद को भी वह छोड़ आया। उसके समान भी कोई मूर्ख होगा। यह तो वैसे ही हुआ कि दुकान पर जाकर कोई वस्तु पसन्द की, उसका मूल्य चुकाया और उसे उठाये बिना वहीं से चल पड़े। या फिर किसी भोजनालय में मूल्य चुकाकर स्वादरहित भोजन तो करते रहे किन्तु अन्त में स्वादिष्ट मिष्टान्न आने का समय आया तो उठकर चल दिये।

उसे नींद नहीं आयी। वह उठकर बैठ गया।

"कहाँ जा रहे हो?" पत्नी ने पूछा।

"सभापति के घर।"

"आधी रात को? पता भी है, साढ़े बारह बज चुके हैं।"

"साढ़े बारह ही तो बजे हैं। दो-चार वक्ता और होते तो साढ़े बारह तो सभा में ही बज जाते, तो भी तो वहाँ बैठे ही रहते। अब मैं उनके घर चला जाऊँगा तो ऐसा क्या होगा।" रामलुभाया ने कहा। वह बाहर जाने के कपड़े पहनने लगा।

"पर तुम्हें ऐसा क्या काम आ पड़ा है कि प्रातः तक नहीं रुक सकते?" पत्नी ने पूछा।

"मैं संचालक की शिकायत करने जा रहा हूँ कि उसने न तो समय से धन्यवाद दिया और न ही स्मरण कराया कि अभी धन्यवाद दिया जाना है। इतना ही नहीं, जब मैं चल पड़ा तो उसने मुझे रोककर यह भी नहीं कहा कि अपना धन्यवाद तो लेते जाओ।"

"ऐसा भी कभी होता है?" पत्नी ने पूछा।

"मन्दिर में होता है। पूजा के बीच में उठनेवाले को कहा जाता है कि प्रसाद लिये बिना न जायें।"

अवाक् पत्नी उसे देखती ही रह गयी। फिर बोली, "तुम सभापति के घर जाने के स्थान पर संचालक के घर ही चले जाओ। उससे अपनी शिकायत कहो। दोष तो उसका ही है न! वह मान लेगा। सभापति के घर गये तो सभापति अलग रुष्ट होंगे और संचालक अलग। दो लोगों को रुष्ट करने से तो अच्छा है कि एक ही व्यक्ति को रुष्ट करो। वैसे भी वह सभापति के समान प्रभावशाली व्यक्ति नहीं है। उसका रोष तुम्हारा अधिक कुछ नहीं बिगाड़ सकेगा।"

"मैं किसी से डरता हूँ क्या?" रामलुभाया ने अपनी पत्नी को डाँट दिया, "या मुझे किसी चीज़ का कोई लोभ है।"

"जब तुम्हें कुछ लेना-देना ही नहीं है तो फिर इतनी रात गये क्यों किसी की नींद बिगाड़ने उसके घर जा रहे हो?"

"सिद्धान्त की बात है।" रामलुभाया ने कहा, "जो मेरा प्राप्य है, वह मुझे नहीं मिला। यदि उन्होंने मुझे धन्यवाद नहीं दिया तो मैं अपने अधिकार के लिए न्यायाधिकरण में भी जा सकता हूँ।"

"प्रातः जाओगे या वहाँ भी अभी ही जाओगे?" पत्नी ने पूछा।

"जैसी आवश्यकता पड़ेगी, वैसा ही करूँगा।" रामलुभाया ने कहा, "अब जाऊँ अथवा अभी कुछ और पूछना है?"

"जाओ। तुम्हें समझाने का कोई लाभ नहीं है।" पत्नी ने निराश स्वर में कहा, "तुम्हारा व्यवहार तो ऐसा है...।"

"कैसा है मेरा व्यवहार?" रामलुभाया ने झपटकर पूछा।

"रहने भी दो...।" पत्नी ने टाल दिया।

"नहीं। तुम्हें बताना पड़ेगा।" रामलुभाया ने कहा, "कैसा है व्यवहार मेरा?"

"सुब्रह्मणियम स्वामी जैसा।" पत्नी ने कहा और करवट बदल ली।

गरीबी की हमसे

“यह समाचार देखा तुमने?” रामलुभाया ने अपना समाचारपत्र मेरी ओर बढ़ाया।

मैंने समाचारपत्र पर दृष्टि डाली। मैं उस समाचार को प्रातः ही पढ़कर अपना सिर पीट चुका था। मैं प्रायः अपना सिर प्रातः ही पीट लेता हूँ : समाचारपत्र जो प्रातः पढ़ने की आदत डाल रखी है। उसमें सिर पीटने के लिए पर्याप्त संसाधन होते हैं। मैं उस दिन की प्रतीक्षा में हूँ, जब समाचारपत्र पढ़ने के समय को सिर पीटने का समय और समाचारपत्र को सिर पीटने का उपकरण पुकारा जाने लगेगा।

“हाँ! देखा है।” मैंने कहा, “गरीबी की रेखा के नीचे जीनेवाले लोगों को लड़कियाँ पैदा करने के लिए प्रोत्साहित कर रहे हैं।”

“इसका क्या अर्थ है?” रामलुभाया मुझसे इस प्रकार स्पष्टीकरण माँग रहा था, जैसे वह समाचार मुझसे सम्बद्ध हो।

“अर्थ यह कि यदि गरीब लोगों के घर लड़की जन्म लेगी तो उसकी माँ को पाँच सौ रुपये पुरस्कार में दिये जायेंगे।” मैंने यह जानते हुए भी कि मेरे इस कहने का कोई अर्थ नहीं है, कह दिया।

“अर्थात् लड़का जन्म लेगा तो उसके बाप को पाँच सौ रुपये दिये जायेंगे?” उसने पूछा।

“नहीं भाई! इसमें स्त्री-पुरुष का मामला नहीं है कि लड़की उत्पन्न करने पर स्त्रियों को प्रोत्साहित किया जायेगा और लड़का उत्पन्न होने पर पुरुषों को।” मैंने उसे कुछ विस्तार से समझाया, “यह तो गरीबों के मन में से नारी के प्रति विरोध का भाव दूर करने के लिए एक प्रयत्न है।”

“अच्छा वे समाज में से नारी-विरोध दूर कर रहे हैं और मैंने समझा कि वे जनसंख्या वृद्धि का अभियान चला रहे हैं।”

“वह कैसे?” इस बार मैंने पूछा।

“जिन लोगों को पाँच सौ रुपये दिखायी दे रहे होंगे, वे सन्तान उत्पन्न करके देखेंगे कि वह लड़का है या लड़की।” रामलुभाया ने मुझे समझाया, “लड़का

हुआ तो फेंक देंगे और लड़की हुई तो पाँच सौ रुपये ले आयेंगे। उनके मन में यह उत्साह तो बना ही रहेगा कि इस बार लड़का हुआ है तो अगली बार लड़की होगी। इस बार पाँच सौ नहीं मिले तो अगली बार मिलेंगे।"

"और यदि लड़की ही हो गयी तो?"

"तो भी उत्साह बना रहेगा कि इस बार लड़की हुई है तो अगली बार भी लड़की ही होगी। इस बार पाँच सौ मिले हैं तो अगली बार और पाँच सौ मिलेंगे।"

"अरे छोड़ो।" मैंने कहा, "पाँच सौ रुपयों के लिए कोई बच्चा पैदा करता है।"

"तो हमारी सरकार मूर्ख है जो ऐसा प्रयत्न कर रही है?" उसने पूछा।

मैं सरकार को मूर्ख कहने अथवा मानने का साहस नहीं कर सका, इसलिए स्वीकार कर लिया, "हाँ! कह तो तुम ठीक ही रहे हो।"

"और फिर पाँच सौ रुपये किसे बुरे लगते हैं। जब पाँच सौ रुपये पाने का मन हुआ, फिर से एक लड़की पैदा कर ली। लड़की न हुई पाँच सौ रुपयों का ड्राफ्ट हो गया।" रामलुभाया ने कहा।

"यह नहीं होगा।" मैंने अनुमान भिड़ाया, "वे अन्धाधुँध जनसंख्या नहीं बढ़ा सकते। वे अवश्य ही पहले जाँच करेंगे कि भ्रूण का लिंग क्या है। लड़का है या लड़की।"

"ओह हाँ! यह भी सम्भव है।" रामलुभाया बोला, "और पता चल जायेगा कि लड़का है तो वे गर्भपात कर देंगे। क्योंकि न तो गरीब को लड़का चाहिए, न सरकार को।"

"नहीं! गरीब को तो लड़का चाहिए, सरकार को लड़की चाहिए।" मैंने समझाया।

"तो गरीब लड़का अपने पास रख लेगा और लड़कियाँ सरकार को दे आयेगा।" रामलुभाया ने कहा।

"पर सरकार लड़कियों का क्या करेगी?" मैंने जैसे अपने-आपसे पूछा।

"वे सरकारी लड़कियाँ होंगी। सरकार उनका जो भी करे, वह तुम्हारा सिरदर्द नहीं है।" रामलुभाया ने मुझे डाँट दिया, "हो सकता है वह प्रत्येक सांसद को पाँच-पाँच लड़कियाँ दे दे। कोटे में क्या नहीं दिया जा सकता।"

"पर कोई सांसद उन लड़कियों को क्यों पालना चाहेगा।" मैंने पूछा, "वह कोई बालबाड़ी तो चलाता नहीं होगा।"

"ठीक कह रहे हो।" रामलुभाया मुझसे सहमत हो गया, "ये लड़कियाँ अपने जन्म के समय से तो जवान होंगी नहीं कि राजनीतिज्ञों की उनमें रुचि

हो और न वे मॉलियर के नाटक के समान बीवियों का मदरसा खोलना चाहेंगे कि जन्म से ही बच्ची को अपनी देखरेख में पाले और उसके युवती होने की प्रतीक्षा करें।"

"वैसे ये अमीरों को लड़कियाँ उत्पन्न करने को क्यों प्रोत्साहित नहीं करते?" मैंने पूछा, "सम्भव है कि वहाँ उनका पालन-पोषण अच्छी तरह हो। वे पढ़ें-लिखें और समाज के लिए भी कुछ कर सकें।"

"अमीरों के लिए पाँच सौ रुपयों की प्रोत्साहन राशि काफी कम है।" रामलुभाया ने कहा, "इतने में कोई खरगोश का बच्चा भी पालना नहीं चाहेगा, आदमी के बच्चे के लिए पाँच सौ रुपये तो उसके स्कूल की एक महीने की फीस भी नहीं होती।"

"ओह! हाँ!" मैंने कहा, "तो वे अमीरों के लिए उसे पाँच हजार रुपये कर दें।" पर फिर स्वयं ही चिन्ता में पड़ गया, "इससे अधिक तो बच्चे के जन्म पर अस्पताल का बिल ही हो जाता है।"

"तो पचास हजार कर दें।" रामलुभाया बोला।

"यह अत्याचार है रामलुभाया!" मैंने कहा, "जिस काम की फीस गरीब के लिए पाँच सौ रुपये हो, उसके लिए अमीरों को पचास हजार रुपये दिये जायें, यह तो सरासर अत्याचार है। इससे तो गरीबों और अमीरों के बीच की खाई और भी चौड़ी हो जायेगी।"

"फिर तो यह बिल्कुल राष्ट्रीय हित में है।" रामलुभाया खिल उठा।

"वह कैसे?" मैं उसकी बात का कोई ओर-छोर समझ नहीं सका।

"अरे खाई होगी तो आप उसे पाटना भी चाहेंगे। उसके लिए पुल बनवाना चाहेंगे।..."

"आवश्यक तो नहीं कि पुल ही बनवाना चाहें।" मैंने आपत्ति की, "यह भी तो सम्भव है कि हम उसे मलबा इत्यादि डालकर पाटना चाहें।"

"मैं सहमत नहीं हूँ।" रामलुभाया बोला, "आप चाहते हैं कि गरीबों और अमीरों के मध्य ढेर सारा मलबा हो। उससे तो उनके सम्बन्धों में और सड़ान्ध आयेगी उससे तो अच्छा है कि पुल ही बनाया जाये, ताकि उनके बीच की दूरी वैसी की वैसी बनी रहे।"

"दूरी बनाये ही रखनी है तो फिर पुल पर इतना खर्च करने का क्या लाभ?"

"हमारी सरकार की सदा से नीति रही है कि आभास यह होता रहे कि गरीबों और अमीरों के बीच की दूरी कम की जा रही है, पर वस्तुतः वह दूरी वैसी की वैसी बनी रहे। सरकार के लिए यही उपयोगी है।"

"क्यों? क्यों उपयोगी है यह?" मैंने पूछा, "देश के लोगों में जितना सामरस्य हो, उतना अच्छा होता है। फिर यह दूरी..."

"मूर्ख हो तुम।" रामलुभाया ने मुझे डाँटा, "सरकार में कभी रहे नहीं तो बेकार की बातें मत करो। सरकार के लिए यह आवश्यक है कि गरीबों और अमीरों के मध्य यह दूरी बनी रहे। अमीरों से उसे धन लेना होता है और गरीबों से वोट। दोनों का अलग-अलग योगदान होता है। दोनों को मिलाकर एक कर देने से सब गड़बड़ हो जायेगा।"

"अच्छा सरकार अमीरों से धन लेती है?" मैंने कुछ चकित होकर पूछा, "मैं तो आज तक यही समझता रहा कि अमीर लोग सरकार से धन लेते हैं।"

"हाँ! सत्य तो यही है, जो तुम कह रहे हो, पर सरकार को यह तो दिखायी देता है कि वह अमीरों से कब और कैसे पैसा लेती है, किन्तु यह उसे दिखायी ही नहीं देता कि अमीर लोग कब और कैसे उससे पैसा ले जाते हैं।"

"अच्छा छोड़ो।" मैंने कहा, "तुम कह रहे थे कि खाई जितनी चौड़ी होगी, देश का उतना ही कल्याण होगा। वह कैसे?"

"खाई जितनी चौड़ी होगी, उतना ही लम्बा पुल बनेगा। पुल लम्बा बनेगा तो उसमें खर्च भी अधिक होगा। उसमें खर्च जितना अधिक होगा, उतना ही बड़ा भाग मन्त्री का, अफसरों का, ठेकेदारों का और अभियन्ताओं का होगा। खाईयाँ नहीं होंगी तो ये सारे बेचारे तो भूखे ही मर जायेंगे।" रामलुभाया ने कहा।

मैं यह सब नहीं चाहता था, इसलिए मान गया कि गरीबों और अमीरों के मध्य चौड़ी से चौड़ी और गहरी से गहरी खाई होनी चाहिए।

जिज्ञासु

"डॉक्टर साहब बोल रहे हैं?" फोन पर उधर से पूछा गया।

स्वर किसी महिला का था। पता नहीं वे किस डॉक्टर को पूछ रही थीं। हमारे घर में कई डॉक्टर हैं। पर उन्होंने "बोल रहे हैं" कहा है। "बोल रही हैं" तो कहा नहीं है। तो वे मेरी पत्नी अथवा मेरी पुत्रवधू को नहीं पूछ रही होंगी। शायद फोन मेरे लिए ही है। पर क्या कहा जा सकता है। कई बार पुत्रवधू के लिए भी लोग यही पूछते हैं कि "क्या डॉक्टर साहब आ गये?"

अब इस समय इतना सारा विचार-विश्लेषण करने का समय नहीं था। वे बेचारी महिला, उधर कान पर चोंगा धरे मेरे उत्तर की प्रतीक्षा कर रही होंगी।

"मैं नरेन्द्र कोहली बोल रहा हूँ।" मैंने अपने लिए मार्ग निकाल लिया।

"तो डॉक्टर साहब ही बोल रहे हैं।" वे बहुत आह्लादित प्रतीत हो रही थीं।

"चलिये यही मान लीजिये।" मैंने कहा।

"डॉक्टर साहब! मैं मिसिज शर्मा हूँ। रिजर्व बैंक ऑफ इंडिया में काम करती हूँ। आपने पहचाना? आपने मुझे एक एवार्ड भी दिया था।"

"नहीं पहचाना।" मैंने कहा।

"कोई बात नहीं।" वे बोलीं, "मुझे तो याद है।"

"उतना ही पर्याप्त है।" मैंने कहा, "बोलिये, क्या कहना चाहती हैं।"

"मैं यहाँ रिजर्व बैंक ऑफ इंडिया में एम्पलाएड हूँ।"

"आप भारतीय रिजर्व बैंक में काम करती हैं या रिजर्व बैंक ऑफ इंडिया में?" मैंने पूछा।

"एक ही बात है।" वे हँसकर बोलीं।, "ये दो बैंक नहीं हैं। आपको शायद मालूम नहीं है कि ये दोनों एक ही बैंक के नाम हैं।"

"नाम तो एक ही बैंक के हैं, किन्तु एक हिन्दी में है, दूसरा अंग्रेजी में। मैं तो जानना चाहता था कि आप हिन्दी में काम करती हैं अथवा अंग्रेजी में।"

वे हँसकर टाल गयी, "कोहलीजी! आपकी थोड़ी हेल्प चाहिए। सुरेशजी

ने कहा था कि जब कोई आवश्यकता हो, आपसे कहूँ।"

सम्पर्क तो तगड़ा ढूँढ़ा था उन्होंने। सुरेश मेरा प्रिय छात्र है। उन छात्रों में से एक, जो छात्र से बढ़कर मित्र हो गये। वह दिल्ली में था तो उसने मुझे रिजर्व बैंक में बुलाया था। वहीं मिली होंगी ये महिला।

"कहिये।"

"मेरी स्टोरी बुक पब्लिश हो रही है। फर्स्ट स्टोरी बुक। नेक्स्ट मन्थ।" वे रुक गयीं। शायद मेरी प्रतिक्रिया जानना चाहती थीं।

"आपने जो कुछ कहा, उसे हिन्दी में कहिये, तो मैं उसका कुछ सिर-पैर समझ पाऊँ।" मैंने कहा।

"मैं हिन्दी ही तो बोल रही हूँ।" वे इठलाकर बोलीं।

"यह हिन्दी तो मेरी समझ से बाहर है।" मैंने कहा।

"ओह!" वे हँसी, "बात यह है कि जहाँ हम काम करते हैं वहाँ इंग्लिश का जोर है।"

मुझे अपनी समवयस्क एक हिन्दी लेखिका स्मरण हो आयी। वे भी दस शब्दों में से छह अंग्रेजी के बोलती थीं और चाहती थीं कि उनकी भाषा की प्रशंसा की जाये। उनको टोकता था तो कहती थीं कि उनके आसपास इतनी अंग्रेजी बोली जाती है कि वे इससे अधिक हिन्दी के शब्द एफोर्ड नहीं कर सकती थीं।

"तो आप उन लोगों को हिन्दी सिखाइये, मुझे अंग्रेजी क्यों सिखा रही हैं।" मैंने कहा।

"नहीं! आप गलत समझे। मैं यहाँ हिन्दी ऑफिसर नहीं हूँ।" वे बोलीं।

"जो हिन्दी अधिकारी के पद पर नहीं होते, वे अंग्रेज हो जाते हैं क्या? उनकी भाषा हिन्दी नहीं रहती। और आप तो हिन्दी की लेखिका हैं।"

"क्या करें ऐसी ही मिक्स्ड हिन्दी बोलने की आदत है।" वे बोलीं।

"और ऐसी भ्रष्ट हिन्दी बोलनेवालों को टोकना मेरी आदत है।"

"काम की बात करें?" उन्होंने पूछा।

मैं समझ गया, वे मेरी इन बातों को बेकार की बात समझती थीं। काम की बात हिन्दी में हो भी कैसे सकती थी।

"कहिये।"

"मेरा पहला कहानी संग्रह अगले महीने प्रकाशित हो रहा है।" वे एक-एक शब्द चबाकर बोलीं, जैसे अपने शब्दों का अनुवाद कर रही हों, "इससे पहले पायेट्री की एक कलेक्शन आ चुकी है।"

"बधाई।" मैंने कहा।

"मैं चाहती हूँ डॉक्टर साहब।" वे बोलीं, "आप मेरी स्टोरी कलेक्शन के लिए एक भूमिका लिख दीजिये। हमें आपसे बहुत कुछ सीखना है। मैं चाहती हूँ कि आप मेरी कहानियों को पढ़कर मुझे बतायें, मैं कैसा लिखती हूँ।"

उनके स्वर से लगा कि वे जानती हैं कि वे कैसा लिखती हैं और अब चाहती हैं कि मैं भी जान जाऊँ कि वे कितना अच्छा लिखती हैं।

"यदि आपको मुझसे कुछ सीखना है तो पहली बात यह सीखिये कि किसी की भूमिका से किसी पुस्तक को कोई लाभ नहीं होता। उससे पुस्तक का महत्त्व तनिक भी नहीं बढ़ता। मेरी इतनी पुस्तकें हैं, मैंने आज तक किसी के लिए किसी से भूमिका नहीं लिखवायी।"

"आपकी बात और है। आप इस्टैब्लिश्ड राइटर हैं।"

"मैंने भी वहीं से आरम्भ किया था, जहाँ से आप कर रही हैं। कभी मेरी भी पहली पुस्तक प्रकाशित हुई थी।" मैंने कहा।

"वह ठीक है पर मैं चाहती हूँ कि आप मेरी बुक की भूमिका लिख दें।" वे बोलीं, "मेरा पब्लिशर चाहता है कि बुक आये तो ठीक से आये।"

तो मैं व्यर्थ ही समझ बैठा था कि वे मुझसे कुछ सीखना चाहती हैं। वस्तुतः वे मुझे सिखाना चाहती थीं कि जब कोई कहे कि वह मुझसे कुछ सीखना चाहता है तो मुझे उसके प्रति कृतझाता के बोझ से दब जाना चाहिए और केवल उसकी आज्ञाओं का पालन करना चाहिए। उससे किसी प्रकार का विवाद नहीं करना चाहिए।

"मेरा पब्लिशर चाहता है कि आप भूमिका लिख दें। उसे सुविधा होगी। इसी बहाने आप मेरी स्टोरीज पढ़ भी लेंगे और मेरा एवैल्युएशन भी कर सकेंगे।"

"इसीलिए तो मैं भूमिका नहीं लिखता, क्योंकि उसके लिए रचना पढ़नी पड़ती है।" मैं सस्वर हँसा, ताकि वे समझ सके कि मैं यह बात विनोद में कह रहा हूँ।

पर वे गम्भीर महिला निकलीं। बोलीं, "हाँ स्टोरीज तो आपको पढ़नी ही पड़ेगी।"

"अब आप चाहती हैं तो करना तो मुझे पड़ेगा ही किन्तु आपकी पांडुलिपि व्यर्थ ही छह महीने मेरे पास पड़ी रहेगी। जो काम मैं आजकल कर रहा हूँ वह पूरा हो जाये तो फिर आपकी कहानियाँ पढ़ूँगा और तब भूमिका लिखूँगा।"

"नहीं! मेरा पब्लिशर इतना वेट नहीं कर सकता। स्टोरीज़ कम्पोज़ हो चुकी हैं। इन ए वे बुक पब्लिश हो ही चुकी हैं।"

अर्थ यह था कि चूँकि वे चाहती थीं और उनके प्रकाशक चाहते थे, इसलिए मुझे अपना काम छोड़ देना चाहिए था और उनकी कहानियाँ पढ़कर उसकी

भूमिका लिखनी चाहिए थी। मैं जो कुछ लिख रहा था, उसका तो कोई ऐसा महत्त्व तो था नहीं। वह रुक सकता था। मेरा प्रकाशक तो व्यर्थ का व्यक्ति था, वह मेरी पुस्तक के लिए प्रतीक्षा कर सकता था। उनका प्रकाशक कैसे रुक सकता था। अतः यह बेगार मुझे करनी ही थी। अच्छी नव लेखिका थीं। कह तो रही थीं कि उन्हें मुझसे बहुत कुछ सीखना है, पर तब से लगातार मुझे कुछ-न-कुछ सिखाने का प्रयत्न करती जा रही थीं। मैं जब कॉलेज की नौकरी में था तो परीक्षा में नकल करनेवालों को रोकता था और सिखाता था कि नकल करना बुरी बात है; किन्तु प्रायः देखता था कि लड़के मुझे ही सिखाते थे, "सर! अध्यापक को इतना कठोर नहीं होना चाहिए। थोड़ी-थोड़ी नकल तो करने देना चाहिए।"

"आप फिर कितने ही शब्द अंग्रेजी में बोल रही हैं।" मैंने कहा, "आप हिन्दी की लेखिका हैं, और आप हिन्दी में साधारण बातचीत भी नहीं कर सकतीं।"

उनके तेवर बदल गये। बोलीं, "कुछ लोग अच्छा बोल लेते हैं। और कुछ लोग अच्छा लिखते हैं। अच्छा लिखने के लिए अच्छा बोलना जरूरी तो नहीं। मुझे हिन्दी बोलने की प्रैक्टिस नहीं है, आप मेरी स्टोरीज पढ़कर देखिये, मेरी हिन्दी लैंगुएज कितनी अच्छी है। बोल नहीं सकती तो क्या हुआ।..."

मैं कहना चाहता था कि नहीं बोल सकतीं तो बोलना सीखिये पर मैं डर गया। यदि कहीं कुछ ऐसा कह देता तो जाने वे मुझे कितनी बातें सिखाने लगतीं। जिज्ञासु शिष्य के रूप में आयी इस जगत्गुरु को कुछ सिखाने का प्रयत्न बहुत महँगा पड़ता।

"जो कुछ मैंने आपसे कहा, उसके लिए क्षमा चाहता हूँ। धन्यवाद। नमस्कार।" मैंने फोन रख दिया।

"तुम्हें कितनी बार समझाया है कि लोगों को सुधारने का प्रयत्न मत किया करो। जाने कितने शत्रु बना चुके हो। आज एक की संख्या और बढ़ गयी।" मेरी पत्नी ने कहा।

"पर वह तो स्वयं ही सीखना चाहती थी।" मैंने कहा।

"लोग सीखने को उतने आतुर नहीं हैं, जितना तुम सिखाने को व्यग्र हो।" वह बोली, "चुपचाप लोगों की झूठी प्रशंसा करनी सीख लो। सुखी रहोगे।" उसने कहा और उठकर कमरे से चली गयी।

क्या मिलेगा?

"कारगिल में लड़ाई समाप्त हो गयी है क्या?" रामलुभाया ने पूछा।

"नहीं तो।" मैंने कुछ चकित होकर कहा, "अभी कल ही तो हमारे तीन सैनिक शहीद हुए हैं। एक लैफ्टिनेंट, एक अकमीशंड अधिकारी और एक जवान। हमारी सेना उनके शरीर भी अपने नियन्त्रण में नहीं ले सकी है, क्योंकि शत्रु अपनी तोपों से वहाँ भयंकर अग्निवर्षा कर रहा है।"

"अच्छा!" रामलुभाया अपने हाथ में पकड़ा अंगेजी का समाचारपत्र टटोलने लगा, "इस के मुख पृष्ठ पर तो सैनिक कारवाई का जो समाचार है, वह तो एक सैनिक के एक चोटी पर पर्वतारोहण का सादृश्य है। उसके थैले में बिस्कुट हैं, केक है। और यह सूचना भी है कि वह सैनिक नगा है। उसके भारतीय होने की चर्चा नहीं है। नगा होने की चर्चा बार-बार है। सेना भारतीय है और सैनिक नगा है।"

"अंग्रेजी का समाचारपत्र है न। उसे यही सब दिखायी पड़ेगा।" मैंने कहा।

"है तो अंगेजी का किन्तु छपता तो दिल्ली से ही है और इसका सम्पादक भी एक भारतीय ही है।" रामलुभाया कुछ परेशान था।

"तुमने सुना नहीं कि कुछ लोग भारत में जन्म लेकर भी, भारत में रहकर भी, निवासी अभारतीय होते हैं।" मैंने कहा, "पर तुम ध्यान से देखो, रामलुभाया! युद्ध का कोई-न-कोई समाचार तो होगा ही।"

"है। एक और समाचार भी है। लिखा है कि हमारे सैनिक शत्रु की कृपा पर ही हैं। न भारतीय वायुसेना उनकी रक्षा कर रही है और न भारतीय सेना का तोपखाना ही उनकी कोई सहायता कर रहा है।" उसने बताया।

मैं चकित रह गया, "अच्छा यह सब लिखा है इसने। यह उन सैनिक टुकड़ियों के विषय में होगा, जो शत्रु के बहुत निकट हैं और उनसे आमने-सामने युद्ध कर रही हैं। ऐसे में तो हमारी वायुसेना का प्रहार अपने ही सैनिकों को मार डालेगा।"

"तो फिर यह समाचारपत्र यह क्यों नहीं लिखता कि हमारे वीर जवान शत्रुओं के सिर पर पहुँच गये हैं और प्राणों को हथेली पर रखे, शत्रुओं से लोहा ले रहे हैं।" रामलुभाया भन्नाकर बोला, "ऐसे क्यों लिख रहा है कि जैसे हमारी सेना ने उन बेचारों को हाथ-पैर बाँधकर शत्रु के मुँह में धकेल दिया है?"

"अंग्रेजी का समाचारपत्र है न! भारतीय सेना कलंकित होती है, तो उसके बाप का क्या जाता है। भारतीय सरकार कलंकित होती है, तो उसके बाप का क्या जाता है। उसके माई-बाप तो लन्दन और वाशिंगटन डी.सी. में बैठे हैं।" मैंने कहा।

"पर भाई इससे तो देश भी बदनाम होता है।" रामलुभाया बोला, "उसकी समझ में यह नहीं आता कि वह क्या कर रहा है?"

"उसकी समझ में आता है कि वह क्या कर रहा है। वह जानते-बूझते कर रहा है यह सब।" मैंने कहा, "देखो तो सही कि उसने अपने समाचारपत्र के मुख पृष्ठ पर और क्या क्या छापा है?"

"छापा है कि एक भारतीय सेनाधिकारी कह रहा है कि भारतीय सैनिक इस बात से बहुत रुष्ट हैं कि हमारी सरकार इसे युद्ध जैसी स्थिति क्यों कह रही है, इसे युद्ध ही क्यों नहीं कहा जाता?" रामलुभाया बोला।

"इससे क्या अन्तर पड़ता है कि उसे अन्तर्राष्ट्रीय राजनीति के दबाव में क्या कहा जा रहा है। हो तो युद्ध ही रहा है। भारतीय सेना देश के उन शत्रुओं को घुसपैठिये कहकर मारे, आतंकवादी कहकर मारे या पाकिस्तानी सैनिक कहकर मारे। काम तो उसका देश के शत्रुओं का नाश ही करना है।" मैंने कहा, "रामलुभाया! मैंने देखा है कि इन लोगों ने ही नहीं कांग्रेस जैसे राजनीतिक दलों ने भी युद्ध में देश के साथ एकजुट होने के स्थान पर अपना सारा ध्यान शब्दों, वाक्यों, वक्तव्यों पर दिया है। उन्होंने इस प्रकार के बखेड़े खड़े किये हैं, जिनका युद्ध से कोई सीधा सम्बन्ध नहीं था और जिसका प्रभाव देश के लिए घातक हो सकता है।"

"मुझे भी कुछ ऐसा ही लग रहा है।" रामलुभाया बोला, "पर इससे मेरे ज्ञान में बहुत वृद्धि हुई है।"

"कैसे?" मैंने पूछा।

"मुझे इससे अपने देश का मध्यकालीन इतिहास समझ में आने लगा है।"

मैंने चकित होकर उसे देखा, "क्या कह रहे हो रामलुभाया?"

"मैं सोचा करता था कि हमारे देश के वीर योद्धा, समर्थ सेनापति और राजा, विदेशी आक्रान्ताओं से कैसे मिल जाते थे? वे लोग अपने ही देश,

अपने ही सम्बन्धियों के विरुद्ध कैसे लड़ते थे। वे अपने ही राजाओं को कैसे मरवाते थे?" रामलुभाया बोला, "अब समझ में आया है। सत्ता पाने के लिए कैसे तड़पते हैं महत्वाकांक्षी लोग, उनके दल और उनकी सेनाएँ। अब समझ में आया कि राजपाट पाने के लिए लोग कैसे अपना धर्म बदल लेते हैं। कैसे अपनी बहू-बेटियाँ शत्रुओं को ब्याह देते हैं।"

"पर इससे इनको वह सब तो कुछ नहीं मिलेगा।" मैंने कहा।

"हाँ! वह सब तो नहीं मिलेगा। इनका तो रहा-सहा सम्मान भी नष्ट होगा और ये देशद्रोहियों का-सा दंड पायेंगे, किन्तु इस समय तो ये केवल सरकार को कलंकित करने के लिए, अपना स्वार्थ पूरा करने के लिए, शत्रुओं के हाथों बिके हुए हैं।"

मुहर

रामलुभाया का पत्र मिला तो मैं चकित कम हुआ, दुखी अधिक। पत्र चाहे उसने हिन्दी में ही लिखा था; किन्तु उसका अपना पता उस पर अंग्रेजी में छपा था। मेरा पता उसने अपने हाथ से लिखा था और वह भी अंग्रेजी में था। अपने नाम-पते की जो मुहर उसने लगायी थी, वह भी अंग्रेजी में ही थी। अपने देश में बहुत सारे लोग यह मानते हैं कि हमारा डाकिया बकिंघम पैलेस में पैदा हुआ था। इसलिए उसे कोई भारतीय भाषा तो आ नहीं सकती। अतः पत्र पर पता अंग्रेजी में ही लिखा जाना चाहिए।

रामलुभाया की वह अंग्रेजीवाली मुहर मेरे वक्ष पर कील जैसी ठुक गयी। अपने देश, उसकी संस्कृति और अपनी भाषा पर इतना अभिमान करनेवाला रामलुभाया भी यदि अपना कार्य अंग्रेजी में करने लगेगा तो हिन्दी बेचारी कहाँ जायेगी। मुझे अच्छी तरह स्मरण था कि रामलुभाया हिन्दी में कविताएँ करता था और मुझे सुनाया करता था। मैं उसकी कविताएँ सुनने की यातना झेला करता था और वह मुझे लिखे पत्र पर पता हिन्दी में लिखने का कष्ट भी नहीं कर सकता था?

मन की जलन कुछ इतनी बढ़ी कि मैं फोन मिला बैठा।

मेरी शिकायत सुनकर वह तनिक भी संकुचित नहीं हुआ। तुनककर बोला, "तुम्हारे समान टटपूँजिया नहीं हूँ कि सारी डाक ऊ.पी., एम.पी. और बिहार की ही हो। इंटरनेशनल डाक है मेरी। इसलिए अंग्रेजी में छपवाने पड़ते हैं अपने कागज और मुहर भी अंग्रेजी में ही बनबानी पड़ती है।"

"बनवा लो। पर एक सूचना यह है कि यूरोप-अमरीका के लोग अपनी अन्तर्राष्ट्रीय डाक के लिए भी अपनी ही भाषाओं का प्रयोग करते हैं," मैंने कहा, "और एक निवेदन यह है कि भारत के लोगों को भारत में ही लिखे जानेवाले पत्रों के लिए एक मुहर हिन्दी में भी बनवा लो।"

"मुझे विदेशियों पर हिन्दी थोपने का कोई अधिकार नहीं है।" रामलुभाया कुछ ऐंठकर बोला।

मैं समझ गया कि उसे अन्तर्राष्ट्रीयता का ज्वर चढ़ा है। यह ऐसा ज्वर है कि जिसको चढ़ता है, वह स्वप्न में भी अंग्रेजी में बर्राने लगता है।

"तुम्हें हम पर अंग्रेजी थोपने का अधिकार है?"

"वह अन्तर्राष्ट्रीय भाषा है भाई।" उसने मुझे सूचना दी।

उस सूचना में बहुत कुछ था। वह मुझे बता रहा था कि वह अन्तर्राष्टीय व्यक्तित्व का स्वामी है। उसमें कहीं यह भी था कि मैं कूपमंडूक हूँ।

मुझे वे कर्नल साहब स्मरण हो आये जो अपने और अपने परिवार के देश-प्रेम के विषय में बहुत ऊँची उड़ान भर रहे थे, पर अंग्रेजी में। मैंने टोक दिया तो बोले कि आप नहीं जानते कि फौज में केवल अंग्रेजी चलती है?

"जानता हूँ।" मैं बोला, "पर आपने कभी किसी से पूछा कि फौज में अंग्रेजी ही क्यों चलती है?"

वे मुँह मोड़कर चले गये।

तब तक रामलुभाया को अपने पक्ष में एक और तर्क सूझ गया था। बोला, "और मेरे कम्प्यूटर में केवल अंग्रेजी में काम करने की सुविधा है।"

आजकल कम्प्यूटर का तर्क अजेय है। जो कुछ कम्प्यूटर करे या कहे, उसकी कोई काट नहीं है।

"पर तुमने कभी सोचा कि तुम्हारे कम्प्यूटर में अंग्रेजी में ही काम करने की सुविधा क्यों है?"

"क्योंकि कम्प्यूटर अंग्रेजी ही जानता है।" रामलुभाया बोला, "और मुझे काम कम्प्यूटर पर ही करना है।"

मुझे लगा कि मानसिंह, महाराणा प्रताप के सम्मुख खड़ा है और उन्हें उपदेश दे रहा है, "मुझे राजा बने रहना है और ऐसा करना तभी सम्भव है, जब मैं अकबर की जूतियाँ साफ करूँ। इसलिए मुझे अकबर की जूतियाँ साफ करनी ही हैं। मुझे अपनी बूआ दिल्ली के शासक से ही बयाहनी है और दिल्ली के शासक मुगल हैं। इसलिए बूआ अकबर से ही बयाही जायेगी। तुम्हें राजपाट चाहिए हो तो तुम भी वही करो, जो मैंने किया है।"

मेरे सामने वे असंख्य लोग भी आये जो गाँधी, सुभाष और भक्तसिंह को समझा रहे थे कि राज्य अंग्रेजों का है, तो चाकरी तो उनकी ही करनी पड़ेगी। उनमें से किसी के मन में यह प्रश्न नहीं उठ रहा था कि राज अंग्रेजों का क्यों था।

"रामलुभाया! देश बड़ा है या सुविधा?"

"देश बड़ा है।" वह बोला, "हिमालय से कन्याकुमारी तक फैला है।"

"यह भौगोलिक सत्य है।" मैंने कहा, "पर तुम्हारा सत्य यह है कि सुविधा बड़ी है, क्योंकि वह तुम्हारे घर से वाशिंगटन तक फैली है। तुम्हें झाड़ू लगाने के लिए कोई भी रख लेगा; पर सम्मान तो तुम्हें अपनी अस्मिता ही दे सकती है, स्थान कोई भी क्यों न हो। यथास्थिति को स्वीकार करनेवाले मानसिंह ही बन सकते हैं। प्रताप बनने के लिए अपनी शर्तों पर जीने का संघर्ष करना पड़ता है। चाहे छत्तीस व्यंजन छोड़कर घास की रोटी ही क्यों न खानी पड़े।"

रामलुभाया ने एक 'उँह' उछाल दी जिसका अर्थ था कि मैं मूर्ख था और उसकी समझदारी का अपमान कर रहा था।

फन्दा

"यह कैसा है?" पत्नी ने मुझे एक फ्रिज दिखाया।

"अच्छा है।" मैंने कहा।

प्रसन्नता हुई कि पत्नी को कुछ तो पसन्द आया। खरीदना समस्या नहीं है। समस्या तो पसन्द की है, "दाम पूछूँ?"

"पूछो।"

मैंने दुकानदार को बुलाया और पूछा, "यह फ्रिज कैसा है?"

"यह तो चमत्कार ही है।" वह बोला, "यह वह करेगा, जो आज तक आपके किसी फ्रिज ने नहीं किया होगा।"

"अर्थात्?"

"खरीदकर देखिये। याद कीजियेगा हमें कि कैसी चीज दी।"

"कितने का है?"

"सत्ताइस हजार।"

मैं चौंका, "क्यों? इतना महँगा क्यों?"

"विदेशी है।" वह अकड़कर बोला, "दाम तो अधिक होगा ही।"

"विदेशी है तो सस्ता होना चाहिए।" में बोला, "बाहर से आकर हमारे देश में बिके और हमारे फ्रिजों से महँगा बिके। यह तो कोई बात न हुई।" मैंने कहा, "कोई देशी सस्ते फ्रिज छोड़कर महँगा विदेशी फ्रिज क्यों लेगा। देश से द्रोह भी करें और पैसा भी अधिक दें। कौन लेगा इसे?"

"आप लेंगे।" वह कुछ इस भंगिमा में बोला, जैसे कह रहा हो कि तुमसे बड़ा मूर्ख और कौन होगा, तुम लोगे।

"पर क्यों?"

"मल्टीनैशनल कम्पनी है। कमाई करने आयी है, डुबोने तो आयी नहीं।"

"पर महँगा क्यों है?"

"क्योंकि उनको अपने देश की मुद्रा में पैसा कमाना है। उनकी मुद्रा हमारे रुपये के मुकाबले महँगी है अर्थात् मजबूत है। जो महँगा होता है, वह मजबूत होता है।" उसने मुझे अर्थशास्त्र पढ़ाया, "हम दुकानदारों को भी अधिक लाभ

देना है। अपने कर्मचारियों को भी अधिक वेतन देना है, नहीं तो उनके लिए काम कौन करेगा।"

उसका तर्क मुझे जँच गया। बहुराष्ट्रीय विदेशी कम्पनियों की यह मजबूरी तो मुझे पहले समझ में ही नहीं आयी थी। बेचारे हमारा घर नहीं लूटेंगे तो अपना घर कैसे भरेंगे।

मैंने फ्रिज खरीद लिया। फ्रिज घर में आया तो पहली बार खोलकर देखा, विदेशी चीज थी, दुकान पर उसका दरवाजा खोलने का साहस नहीं हुआ था। कहीं दुकानदार टोक देता कि विदेशी फ्रिज कभी देखा भी है। फ्रिज खरीदने गये थे, अपनी नाक कटवाने तो गये नहीं थे।

"इसका शीतक इतना बड़ा क्यों है?" मैंने पूछा।

"क्या बड़ा है?" इंजीनियर नामक जन्तु ने पूछा।

"शीतक।" मैंने संकेत से उसे समझाया।

"यह फ्रीजर है।" वह बोला, "यह शीतक-फीतक क्या होता है।"

"तुम जिसको अंग्रेजी में कह रहे हो, उसे ही मैं हिन्दी में कह रहा हूँ।"

"विदेशी फ्रिज खरीदोगे तो हिन्दी नहीं चलेगी। अंग्रेजी में बोलना होगा।" उसने जैसे आदेश दिया।

"विदेशी फ्रिज खरीदेंगे तो अपनी भाषा भी छोड़नी पड़ेगी?" मैंने चकित होकर पूछा।

"नहीं तो उनके दास कैसे बनोगे?"

"पर मैं उनका दास बनना नहीं चाहता।" मैं चिल्लाया।

"तो विदेशी फ्रिज खरीदने के लिए तुम्हें देवगुरु बृहस्पति ने कहा था क्या?" उसने मुझे डाँट दिया।

मैं सहम गया, "चलो फ्रीजर ही सही। पर यह इतना बड़ा क्यों है?"

"ताकि तुम इसमें दुनिया-भर का मछली-मांस इत्यादि रख सको। महीनों रख सको। बासी मांस खा सको।"

"मैं तो शाकाहारी हूँ।"

"तो अब मांसाहारी हो जाओ।" उसका स्वर और भी कठोर हो गया, "खरीदोगे विदेशी फ्रिज और रहोगे शाकाहारी। कोई तमाशा है क्या? शाक-सब्जी डालकर फ्रिज का अपमान किया तो देखना कम्पनी मुकदमा चला देगी।"

मैं तो बुरी तरह फँस गया था। विदेशी फ्रिज क्या खरीद लिया, सब ओर से घिर गया। पहले अपनी भाषा छोड़ने की बात थी, अब अपना आहार भी बदलना होगा।

"इसमें तो दूध का बड़ा पतीला रखने का स्थान ही नहीं है।" मैंने फ्रिज

का दूसरा दरवाजा खोला, “हम दूध कैसे रखेंगे?”

“दूध के पतीले भूल जाओ।” वह बोला, “बोतलों और कैन इत्यादि में दूध रखो। पतीला रखकर इस विदेशी फ्रिज का अपमान करने का साहस करोगे तो भारत पर आर्थिक प्रतिबन्ध लगा दिये जायेंगे। विदेशी बहुराष्ट्रीय कम्पनी का फ्रिज है। कोई मजाक नहीं है कि हर ऐरा गैरा नत्थू खैरा इसे खरीद ले और अपने ढंग से इसका दुरुपयोग करे।”

“पर बोतलों और कैन में दूध गर्म कैसे होगा, उसके लिए तो पतीला ही चाहिए।”

“भूल जाओ, दूध को गर्म करना। जैसा फ्रिज से निकले, पी लो।”

“पर हमारे देश की जलवायु में?”

“अपने देश की जलवायु को बदल डालो।” उसने मेरी बात पूरी नहीं होने दी, “बदल नहीं सकते तो उसे भूल जाओ। यह मत कहना कि उससे तुम अस्वस्थ होगे। होगे तो अच्छा है। तब हम अपनी औषधियों की कम्पनी भी यहाँ ले आयेंगे। तुम्हें अपनी महँगी औषधियाँ खिलायेंगे और तुम्हारा मृत्यु दर बढ़ायेंगे।”

मैं तो उसके फन्दे में वैसे ही फँस गया था, जैसे भारतीय शासक ईस्ट इंडिया कम्पनी के फन्दे में फँस गये थे। चुपचाप अपमान का घूँट पीकर रह गया।

सहसा मेरा हाथ फ्रिज के दरवाजे पर पड़ा, “अरे यह इतना गर्म क्यों है?”

“यह ऐसे ही रहता है।” वह बोला, “भीतर की गर्मी बाहर निकालेगा, तो ही तो भीतर से ठंडा होगा।”

मैं उससे तर्क करने की स्थिति में नहीं था। चुपचाप उसे विदा कर दिया।

अभी अपने गली-मुहल्लेवालों तथा रिश्तेदारों पर अपने दो द्वारोंवाले, बड़े विदेशी फ्रिज का रौब भी पूरी तरह जमा नहीं पाये थे कि फ्रिज ने काम करना बन्द कर दिया।

मैंने दुकानदार को फोन किया, “भैया! यह कैसा फ्रिज दे दिया। वह तो छह महीने में ही चीं बोल गया। हमारे भारतीय फ्रिज तो दस-पन्द्रह साल छींकते भी नहीं।”

“आपको कहा नहीं था कि आप हमें याद करेंगे कि कैसी चीज दे दी। ऐसा चमत्कार किसी और फ्रिज ने किया था क्या?”

“तो तुम्हारा मतलब यह था?” मैंने पूछा।

“आपने क्या समझा था।”

अब मैं उसे क्या बताता कि मैंने क्या समझा था।

“अब करना क्या है?”

“कम्पनी को फोन कीजिये।”

“आप कुछ नहीं कर सकते?”

“हमें जो करना था, हमने कर दिया। आपसे पैसे ले लिये और अपना अंश अपने पास रख, उनके पैसे उन्हें दे दिये।”

मैंने कम्पनी में फोन किया। पता चला कम्पनी बहादुर का फोन मिलना, भारत के प्रधानमन्त्री के मिलने से भी कठिन था। कई बार तो लगा कि कहीं इनका फोन कोरिया में ही तो नहीं है? नम्बर डायल करने में आधी अँगुली घिसाकर जब नम्बर मिला तो उन्होंने पूछा, “क्या है?”

“फ्रिज काम नहीं कर रहा।”

“आपको कैसे मालूम है कि काम नहीं कर रहा।” उसने मुझे डाँटा, “विदेशी फ्रिज है। दिखायी यही देता है कि वह काम नहीं कर रहा, जबकि वह काम कर रहा होता है। कोई विदेशी एजेंसी खुलकर काम नहीं करती। सब ढके-छिपे ही काम करती हैं।”

“कैसे पता चलेगा कि वह काम कर रहा है?” मैंने ढीठ होकर पूछा।

“उसका बल्ब जल रहा है या नहीं?”

“जल रहा है।”

“तो वह काम कर रहा है।”

“हमने बल्ब जलाने के लिए फ्रिज नहीं खरीदा था।” मैंने कहा, “बर्फ जमाने के लिए खरीदा था और उसमें बर्फ नहीं जम रही है।”

“इस फ्रिज में बर्फ गर्मियों में जमती है।” उसने कहा, “विदेशी फ्रिज ले लेते हो और उसके विषय में जानते कुछ भी नहीं।”

“गर्मियाँ ही तो हैं।” मैंने कहा, “और कौन-सी गर्मियाँ आयेंगी अब?”

“यहाँ गर्मियाँ हैं न!” उसने और भी तीखे स्वर में कहा, “कोरिया में अच्छा मौसम है इन दिनों। फ्रिज वहाँ बना है तो उनकी ऋतुओं से ही तो चलेगा। वहाँ गर्मियाँ आरम्भ होंगी तो अपने-आप बर्फ जमने लगेगी आपके फ्रिज में।”

“हमें मूर्ख बनाने की कोशिश मत करो। फ्रिज खराब हो गया है।” मैंने कहा, “अभी इसकी गारंटी की अवधि समाप्त नहीं हुई है। चुपचाप फ्रिज उठाओ और ठीक करके लौटाओ। नहीं तो।”

“नहीं तो क्या करोगे?”

“मुकदमा।”

“हम कल ही फ्रिज उठा लेंगे और ठीक होने के लिए कोरिया भेज देंगे।

ठीक होकर आ जायेगा तो तुम्हें लौटा देंगे।"

"जहाँ मन आये भेजो। पर मुझे फ्रिज ठीक करके दो।"

"फ्रिज पहले तो माल गाड़ी से मुम्बई जायेगा। फिर किसी जलपोत में कोरिया जायेगा। ठीक होकर लौटेगा तो आपकी गारंटी की अवधि समाप्त हो चुकी होगी।" उसने मुझे समझाया, "इसलिए आपको उसका भुगतान करना पड़ेगा। मरम्मत का बिल फ्रिज के दाम से भी अधिक होगा, क्योंकि वहाँ मजदूरी बहुत महँगी है। इसलिए मेरे भाई! ठीक होता है तो यहीं अपने मुहल्ले का मिस्त्री बुलाकर उसे ठीक करा लो। क्यों झंझट में पड़ते हो। देशी तरीके छोड़ो और बहुराष्ट्रीय विदेशी कम्पनियों से मुकदमे में मत उलझो।"

मेरी समझ में उसकी बात आ गयी। मैंने अपने मुहल्ले का राजू मिस्त्री बुला लिया। अब देखें, वह क्या चमत्कार करता है।

अधपढ़

"ये लोग क्यो दंगा करते रहते हैं। अनपढ़ कहीं के।" रामलुभाया बहुत रुष्ट दिखायी पड़ रहा था।

"क्या हो गया?' मैंने पूछा।

"होना क्या है?" वह उसी प्रकार रुष्ट स्वर में बोला, "जब देखो दंगा करते रहते हैं और कहते हैं कि वे अपनी संस्कृति की रक्षा कर रहे हैं।"

"वे अपनी संस्कृति की रक्षा कर रहे हैं तो तुम्हें क्या आपत्ति है?" मैंने पूछा।

"अरे अनपढ़ हैं एकदम। वे क्या जानें कि संस्कृति क्या होती है।"

"मुझे नहीं मालूम कि तुम किन लोगों के विषय में कह रहे हो।" मैंने कहा, "सम्भव है कि वे पढ़े-लिखे न हों। हमारे आदिवासी कितने पढ़े-लिखे हैं? उनका अपने विश्वासों, आस्थाओं और अपनी संस्कृति की रक्षा की सुविधा दी जाती है या नहीं?"

"वह सब ठीक है। वे लोग तो अनुसूचित जनजातियों में आते हैं। उनको संविधान यह अधिकार देता है। पर ये लोग तो ऐसा नहीं कर सकते।" रामलुभाया ने कहा, "बड़ी बात यह है कि ये लोग पढ़े-लिखे नहीं हैं।"

"क्या तुम्हारे संविधान में लिखा है कि जो लोग पढ़े-लिखे नहीं हैं, उन्हें अपनी संस्कृति की रक्षा का अधिकार नहीं है?"

"नहीं! ऐसा कुछ नहीं है।" वह बोला।

"तो तुम उनसे क्यों रुष्ट हो?"

"वे अपनी संस्कृति की रक्षा करते रहें न।" वह बोला, "किन्तु वे दूसरों को क्यों रोकते हैं?"

"किसको रोकते हैं?"

"अच्छे-अच्छे कलाकारों को। कलाकारों से बढ़कर संस्कृतिकर्मी कौन होगा?"

"ठीक-ठीक क्यों नहीं कहते कि कुछ लोगों ने कला के नाम पर इस देश से शत्रुता निभाने का व्रत ले रखा है और तुम उन्हीं का पक्ष लेकर उन लोगों

को कोस रहे हो, जो अपनी आस्थाओं और विश्वासों की रक्षा के लिए संघर्ष कर रहे हैं।"

"बकवास मत करो।" रामलुभाया ने मुझे डाँटा, "तुम अपने विश्वासों की रक्षा करो किन्तु तुम दूसरों को क्यों रोकते हो?"

"तुम चाहते हो रामलुभाया! कि भारतीय सेना देश की रक्षा तो करे कितु अपनी सीमाओं पर आक्रमण करनेवाली सेना को न रोके?"

"यह मैंने कब कहा?"

"तो और कह ही क्या रहे हो?"

"मैं तो कह रहा हूँ कि वे लोग पढ़ते-लिखते क्यों नहीं? दंगा क्यों करते हैं।"

"तुम उनको अनपढ़ कह रहे हो क्योंकि तुमने विदेशी भाषा में कुछ विदेशी चिन्तन पढ़ लिया है।"

"बकवास है यह। मैंने भारतीय साहित्य भी बहुत पढ़ा है।"

"गीता पढ़ी है तुमने?"

"गीता में पढ़ने को है ही क्या?" रामलुभाया बोला, "योग की महिमा गायी है और कृष्ण ने अपनी पूजा करने के लिए कहा है।"

"गीता को इस रूप में देखते हो तुम और फिर दावा है कि तुम भारतीय संस्कृति के रक्षक हो। तुमको यह निर्देश देने का अधिकार है कि भारतीय संस्कृति की रक्षा के लिए कौन क्या करे और कौन क्या न करे।" मैंने कहा।

"मैंने गीता पर सारे विदेशी लेखकों की पुस्तकें पढ़ी हैं।" वह अकड़कर बोला।

"तुमने गीता पर विदेशी लेखकों को पढ़ा है किन्तु गीता तो नहीं पढ़ी। केवल गीता के विरोध में पढ़ा है।" मैंने कहा, "तुम इस देश के शत्रु होकर जन्मे नहीं थे, रामलुभाया! किन्तु तुमने इस देश के शत्रुओं की पुस्तकें पढ़-पढ़कर पढ़े-लिखे होने का दम्भ पाल लिया है। अच्छा है कि वे लोग तुम्हारे समान पढ़े-लिखे नहीं हैं। वैसे...।" मैंने अपना वाक्य अधूरा छोड़ दिया।

"वैसे क्या?"

"छोड़ो। तुमको बुरा लगेगा।"

"नहीं लगेगा। तुम बोलो तो।"

"जो सचमुच पढ़-लिख जाता है, वह इस देश की संस्कृति की पूजा करता है। विरोध तो तुम जैसे अनपढ़ और अधपढ़ ही करते हैं।"

भोंपू

वह मेरे घर के सामने के बिजली के खम्भे पर चढ़ा हुआ भोंपू बाँध रहा था। मेरी आत्मा काँप गयी। अब ये सात दिनों तक न चैन से रहने देंगे और न रात को सोने देंगे।

"ऐ क्या कर रहे हो?" मैंने पुकारकर कहा।

उसने उपेक्षा से मुझे देखा और हँसा, "अन्धे हो। देख नहीं रहे भोंपू बाँध रहा हूँ।"

"भोंपू तो बाँध रहे हो किन्तु यहाँ क्यों बाँध रहे हो?"

"क्योंकि भोंपू को खम्भे पर बँधना है और खम्भा यहाँ है।"

मैंने बहुत प्रयत्नपूर्वक, भागदौड़ करके बिजली का यह खम्भा यहाँ लगवाया था, ताकि मेरे घर के सामने प्रकाश रहे और चोर-उठाईगीरे दूर रहें। मैं क्या जानता था कि खम्भे पर बिजली का लट्टू ही नहीं भोंपू भी सुशोभित होता है।

"तुम मेरे घर के सामने इसे नहीं बाँध सकते।"

"क्यों? इस खम्भे पर तेरे घर की छत टिकी है या यह सड़क तेरे बाप की है?"

"खम्भा बिजली का है और सड़क नगर निगम की है। इस भोंपू के बाप की नहीं है।" मैंने भी उसी की शैली में उत्तर दिया, "इसको यहाँ बाँधने से शोर होगा और उससे मुझे असुविधा होगी।"

"तेरी असुविधा के भय से क्या देश-भर में धर्मप्रचार बन्द हो जायेगा।" उसने मुझ पर अपनी कृपा दृष्टि डाली, "आजकल धर्म और विज्ञान में सन्धि हो गयी है। अब इस भोंपू से शोर नहीं होता। प्रवचन होता है। तेरे कानों में पवित्र शब्द पड़ेंगे। तेरी आत्मा पवित्र होगी।"

"नहीं। इससे मैं रात-भर सो नहीं सकूँगा।"

"तेरा सोना बहुत जरूरी है?" उसने घूरकर मुझे देखा, "अब तक सोता ही तो रहा है। और किया ही क्या है? अब जाग भी जा। उठ जाग मुसाफिर भोर भई। अब रैन कहाँ जो सोवत है। अपने प्रभु को भी थोड़ा याद कर ले।"

मैंने प्रभु के उस ऑफिसर ऑन स्पेशल ड्यूटी को घूरकर देखा, "मेरा बच्चा

याद करना चाहता है। प्रभु को नहीं। स्कूल में पढ़ाये गये अपने पाठ को। तुम्हारे इस भोंपू के मारे वह कुछ पढ़ नहीं पायेगा। फेल हो जायेगा।"

"पास हो गया तो कौन से आकाश के तारे तोड़ लायेगा। कहीं क्लर्क ही तो बनेगा। बी.ए. पास तो मैं भी हूँ। देख लो सड़कों पर भोंपू बाँधने का काम कर रहा हूँ।" उसने कहा, "भोंपू तो यहीं लगेगा।"

"किसका है?" मैंने पूछा।

"धर्मस्थल का।"

"लगा जाओ। मैं अभी इसकी तार काट दूँगा।"

"मैं तो कुछ नहीं कहूँगा। पर धर्मस्थल के लठैत आ जायेंगे।" वह बोला, "तेरी भी दो-चार तारें काट जायेंगे।"

"मैं पुलिस बुला लूँगा।"

"बुला ले। क्या कर लेगी पुलिस। यह सेकुलर देश है।" वह बोला, "यह भोंपू यहीं बँधेगा। पुलिस के संरक्षण में रहेगा; और सरकारी बिजली से बजेगा। धर्म के सामने पुलिस कुछ नहीं कर सकती।"

"कैसे नहीं कर सकती।" मैंने कहा, "उच्चतम न्यायालय का आदेश है कि अप्रैल के महीने में रात तो रात, आप दिन में भी सार्वजनिक स्थान पर लाउडस्पीकर नहीं लगा सकते। इस महीने में बच्चों की परीक्षाएँ होती हैं।"

"उच्चतम न्यायालय। वह जो मथुरा रोड पर है।" उसने मेरी ओर देखा, "तू फिल्में नहीं देखता क्या?"

"देखता हूँ। क्यों?"

"तो बहरा है क्या? या हॉल में जाकर सो जाता है?"

"क्या मतलब?"

"सारी फिल्मों में यह संवाद होता है—इस अदालत से भी ऊपर एक अदालत है। तूने कभी यह संवाद नहीं सुना?"

"सुना है।"

"हम उसी अदालत से स्टे ऑर्डर लेकर आये हैं। तुम्हारा उच्चतम न्यायालय हमारा कुछ नहीं बिगाड़ सकता। हमारे पास उस आसमानी सरकार का आदेश है कि हम जब चाहेंगे, जहाँ चाहेंगे, लाऊडस्पीकर लगायेंगे। चिल्लायेंगे। जो कर सकता है कर ले।"

मैं चुप हो गया। उस ऊपरवाली सरकार के सारे वकील तो धर्मस्थल के ही अधीन थे। मैं तो यह मुकदमा ही नहीं लड़ सकता था।

जयचन्द

"यह तो बहुत ही बुरा हुआ।" रामलुभाया ने सिर झुका लिया और आँसू बहाने की मुद्रा बना ली।

मैं पहले तो कुछ समझ नहीं पाया; किन्तु बाद में अनुमान लगाया कि वह किसी शोक सभा में जानेवाला है या फिर किसी की मृत्यु हो गयी है और यह उसके सम्बन्धियों से मिलकर संवेदना प्रकट करनेवाला है। उसी का पूर्वाभ्यास कर रहा होगा।

फिर भी मैंने पूछ ही लिया, "क्या हुआ रामलुभाया?"

"क्रिकेट का मुँह काला हो रहा है।" वह रो पड़ा, "चारों ओर खेल भावना की बदनामी हो रही है।"

मन में आया कि कोई भद्दी सी गाली दूँ उसको। ...खेल भावना का बच्चा। देश के साथ जो विश्वासघात हुआ, उसकी चिन्ता नहीं है और उन देवताओं की पूजा कर रहा है, जिन्होंने अपना राक्षसत्व पूरी तरह प्रमाणित कर दिया है।

"क्रिकेट देश से बड़ा है?" मैंने पूछा।

"क्रिकेट तो अन्तर्राष्ट्रीय भाईचारा है।" वह बोला, "उसमें देश कहाँ से आ गया?"

हाँ! वह एक प्रकार से तो ठीक ही कह रहा था। संसार-भर के सटोरियों ने मिलकर अनेक देशों के स्वार्थियों से मिलकर अनेक देशों का मुँह काला किया था। बात तो ठीक थी कि उसमें केवल भारतीय खिलाड़ी ही तो संलग्न नहीं थे।...पर वह यह भूल रहा था कि भारत की जनता ने तो भारतीय खिलाड़ियों को ही अपने सिर माथे पर बैठाया था। उनकी जीत को भारत की जीत समझा था, उनके सम्मान को भारत का सम्मान समझा था।

"अन्तर्राष्ट्रीय भाईचारा क्या धन के लोभ में देश को पराजित करवाने में ही हो सकता है?"

"खेल से मनुष्य स्वस्थ मनोरंजन प्राप्त करता है।" वह बोला, "उसे कलुषित नहीं करना चाहिए। यह मनोज प्रभाकर ने उचित नहीं किया।"

"मैं नहीं जानता कि मनोज प्रभाकर जो कह रहा है, उसमें कितना सत्य है;

किन्तु इस काले धन्धे और देशद्रोह के घृणित क्रियाकलाप पर से परदा उठाने का निमित्त तो वही बना है।"

"यही तो उसने गलत किया न।" वह भोला, "स्वस्थ मनोरंजन...।"

"करोड़ों रुपयों के सट्टे और रिश्वत में स्वस्थ मनोरंजन कहाँ है रामलुभाया?" मैंने पूछा।

"क्रिकेट को बदनाम नहीं होना चाहिए।" वह रट्टू तोते के समान बोला।

"देश को बदनाम होना चाहिए।" मैंने कहा, "कई बार अपने देश को हारते देखकर बहुत पीड़ा होती थी और मैं झल्लाकर कहता था कि लगता है, इन लोगों ने पैसे खाकर हारना स्वीकार कर लिया है। किन्तु अपने ही देखे पर विश्वास करने को मन नहीं होता था। कौन कल्पना कर सकता था कि देश के ये लाड़ले जानबूझकर अपनी माँ के गले में जूतों का हार पहना देते हैं।"

"तुम्हारी तो भाषा ही भ्रष्ट हो गयी है और विचार विकृत हो गये हैं।" वह झल्लाकर बोला, "क्रिकेट क्रिकेट है। उस पवित्र खेल को बदनाम करनेवाले को मैं कभी क्षमा नहीं कर सकता।"

"देश के सम्मान से एक भ्रष्ट खेल को अधिक सम्मान देनेवाले लोगों को क्षमा तो हम भी नहीं करेंगे।" मैंने कहा।

"धमकी दे रहे हो?"

"क्यों तुम स्वीकार कर रहे हो कि तुम्हारे लिए देश के सम्मान से क्रिकेट अधिक महत्त्वपूर्ण है?"

"मैं जन्मजात खिलाड़ी हूँ। मुझे खेल से प्यार है।" वह बोला, "मैं किसी खेल को इस प्रकार नष्ट होते नहीं देख सकता।"

"तुम जन्मजात भारतीय नहीं हो?" मैंने पूछा, "तुम देश के सम्मान को नष्ट होते देख सकते हो?"

"फिर वही।"

"हाँ! फिर वही रामलुभाया।" मैंने कहा, "हमारे लिए कोई सम्मान भारत के सम्मान से ऊँचा नहीं है। खेल तो खैर चीज़ ही क्या है। भारत का सिर नीचा करनेवाले को हम जयचन्द कहते हैं और यह देश जयचन्दों को कभी क्षमा नहीं करता।"

जनता की मान्यता

रामलुभाया ने अपने झोले में से निकालकर डिब्बों में बन्द तीन टेप रिकार्डर मेरे सामने रख दिये।

"ये तीनों ही मेरे अपने कारखाने में बने हैं।" उसने बताया, "इसमें जो सबसे हल्का है, उसका मूल्य हमने दो सहस्र रुपये रखा है और उस पर मेड इन इंडिया लिखा है।..."

"'भारत में निर्मित' क्यों नहीं लिखा, 'मेड डन इंडिया' क्यों लिखा?" मैंने उसकी बात बीच में ही काट दी।

"कारीगरों को हिन्दी आती नहीं। इसलिए 'भारत में निर्मित' नहीं लिख सकते। लिख देंगे तो उसे पढ़ेगा कौन। पढ़ेगा तो समझेगा कैसे?"

"यह क्या तमाशा है रामलुभाया!" मैंने उसे डाँटा, "इस देश की भाषा हिन्दी है या अंग्रेजी?"

"देखो भैया! तुम बुरा तो मानो नहीं। बोलचाल की भाषा तो हिन्दी है। यह करोड़ों लोगों की मातृभाषा है। किन्तु वे सब लोग पढ़े-लिखे तो नहीं हैं न। जो थोड़ा पढ़-लिख लेता है, वह अंग्रेज हो जाता है, क्योंकि इस देश में पढ़ाई होती है अंग्रेजी में। पढ़ने-लिखने का अर्थ ही है, अंग्रेजी पढ़ना।" उसने मेरी ओर देखा, "भारतीय भाषाओं में वही पढ़ता-लिखता है, जिसे अंग्रेजी नहीं आती। अब बोलो, हम अपनी चीज़ पर हिन्दी में लिख दें, 'भारत में निर्मित' तो कोई पढ़ा-लिखा आदमी तो पढ़ पायेगा नहीं और अनपढ़ को पढ़ना है नहीं। कोई हलवाई तक तो अपनी मिठाई के डब्बे पर हिन्दी में लिखता नहीं। हमें तुम टेप रिकार्डर पर हिन्दी में लिखने को कह रहे हो। हमारे सम्मान का क्या होगा।"

"भारत में निर्मित लिखो, ताकि लोगों को हिन्दी में काम करने का अभ्यास हो।"

वह हँसा, "आपके इस प्यारे भारत की केन्द्रीय और प्रादेशिक सरकारों के पैसों से चलनेवाले सारे विश्वविद्यालय अंग्रेजी में शिक्षा देते हैं। अब अंग्रेजी

में पढ़कर आये इंजीनियर से मैं कैसे कहूँ कि वह हिन्दी में काम करे। हिन्दी में काम करने के लिए हिन्दी में पढ़कर आना भी तो आवश्यक है। वह आपकी सरकार करने नहीं देती। अब बोलो।"

"पर भारत की विभिन्न सरकारें यह क्यों नहीं चाहतीं कि यहाँ के बच्चे अपनी भाषा में ही पढ़ें।" मैंने तड़पकर कहा, "सारे संसार के विद्वान यह मानते हैं कि बच्चे को अपनी मातृभाषा में ही शिक्षा दी जानी चहिए।"

"मातृभाषा में शिक्षा सस्ती हो जाती है। सारे निर्धन बच्चे भी पढ़ सकते हैं। बात उनकी समझ में आ जाती है, इसलिए वे उन्नति भी कर सकते हैं। इससे समाज के उच्च वर्ग के लोगों के विशेषाधिकार समाप्त नहीं हो जायेंगे? गरीबी मिट नहीं जायेगी?"

"यही तो हमारी सरकार चाहती भी है।"

"वह कहती है, चाहती नहीं। चाहती होती तो उसे भारतीय भाषाओं को शिक्षा का माध्यम बनाने से कौन रोक सकता था?" वह बोला, "तुम मेरे टेप रिकार्डर भूलकर भाषा समस्या में उलझ गये हो। उनकी ओर ध्यान दो।"

"बोलो।" मैंने सिर खुजलाकर कहा।

"इसका मूल्य हमने दो सहस्र रुपये रखा है।" उसने अपनी बात का सूत्र जोड़ा, "दूसरा, जो उससे अच्छा है, उसका मूल्य तीन सहस्र है; और उस पर मेड इन चाइना लिखा है।"

"चीन के प्रति इतनी भक्ति क्यों?" मैंने पूछा।

उसने अपना दाहिना हाथ उठाकर मुझे मौन रहने का संकेत किया, "जो सबसे श्रेष्ठ है, उसका मूल्य पाँच सहस्र रुपये है और उस पर मेड इन जापान लिखा है।"

मेरी आँखें फटी की फटी रह गयी। मैं अवाक्-सा उसकी ओर देखता रह गया।

"तुम पूछोगे कि ऐसा क्यों?"

"हाँ!" मैंने सिर हिलाया।

"हमारा ग्राहक मानता है कि जापान की चीज़ अच्छी होती है, इसलिए वह उसका अधिक मूल्य देता है। तो फिर मैं अपनी अच्छी चीज़ का मूल्य उससे पाँच सहस्र क्यों न लूँ।"

"तुम अच्छी चीज़ का मोल पाँच नहीं सात सहस्र लो, किन्तु उसे भारत की निर्मित वस्तु के रूप में प्रचारित करो। देश के गौरव को कुछ बढ़ाओ। तुम अपने श्रेष्ठ उत्पादों से चीन और जापान का गौरव क्यों बढ़ा रहे हो।"

“मैं नहीं बढ़ा रहा गौरव-शौरव।” उसने आँख मारी, “हमारी जनता ही यह मानती है कि विदेश में उत्पन्न चीज़ें अच्छी होती हैं।”

“क्या प्रमाण है?”

“और तो और कांग्रेस भी यही समझती है।” उसने कहा, “तभी तो उसने सोनियाजी को प्रधान बनाया। उसने समझा था कि मेड इन रोम का ठप्पा उसे जिता देगा।”

‘कांग्रेस ने तो ऐसा माना, पर जनता ने तो नहीं माना न।”

“अरे।” उसकी आँखें फट गयीं, “इस ओर तो मेरा ध्यान ही नहीं गया।”

साहित्यकार

सरकार की नीतियों की समीक्षा के लिए असाधारण अधिकारों से सम्पन्न एक उच्चस्तरीय समिति बन रही थी। उसे सचमुच की एक प्रतिनिधि संस्था बनाने के लिए समाज के प्रत्येक क्षेत्र से एक प्रतिनिधि लिया जा रहा था। सांस्कृतिक मामलों में परामर्श देने के लिए एक साहित्यकार भी सम्मिलित किया जा रहा था।

"किसे लिया जाये?" अध्यक्ष ने पूछा।

सन्नाटा छा गया। सारे देश के साहित्यकारों में से केवल एक का नाम जाना था। जो भी चुना जायेगा, उसका महत्त्व केन्द्र सरकार के एक मन्त्री के बराबर होगा। उसे बँगला मिलेगा। गाड़ी और चालक मिलेगा। निःशुल्क विमान यात्राएँ मिलेंगी। सचिव और सचिवालय मिलेगा... सारे साहित्यकारों के मन में अपना-अपना नाम था। कहीं कोई भ्रम नहीं था। कोई किसी और को अधिक महत्त्वपूर्ण कैसे मान सकता था। दस-बीस नाम देने होते तो किसी और का भी दे देते; किन्तु यहाँ तो नाम ही एक जाना था। कुछ साहित्यकार एक-दूसरे का मुख देख रहे थे कि शायद उसकी आँखों में शर्म उतर आये और वह उनका नाम बोल दे। कुछ लोग साथ बैठे व्यक्ति को कुहनी मार रहे थे, "अबे बोल मेरा नाम।"

पर इतनी शर्म अभी उनमें भी बाकी थी कि कोई अपने मुख से अपना नाम प्रस्तावित नहीं कर रहा था।

एक ओर से आवाज आयी, "बाबूजी का नाम दे दें।"

"बाबूजी का?" अध्यक्ष कुछ परेशान लगे।

"हाँ! बाबूजी का।" दूसरे कोने से भी स्वर आया।

"पर ये बाबूजी हैं कौन?" एक अज्ञानी ने पूछ लिया, "उनका कोई नाम भी तो होगा।"

"नाम के बच्चे। तू बाबूजी को नहीं जानता और स्वयं को साहित्यकार कहता है। तुझे इस सभा में बैठने का अधिकार ही क्या है।" प्रस्तावक ने गरजकर कहा, "निकल बाहर, नहीं तो जूते मारकर निकाल दूँगा।"

चारों ओर उत्तेजना फैल गयी। जब कोई नाम पूछने का साहस नहीं कर सकता था तो नाम का विरोध कैसे किया जा सकता था।

बाबूजी को चुन लिया गया।

"पर ये बाबूजी हैं कौन?" अध्यक्ष ने धीरे-से अपने सचिव से पूछा।

"सर! एक गुंडा है।" सचिव ने धीरे-से कहा और डरकर प्रस्तावक की ओर देखने लगा, कहीं उसने सुन तो नहीं लिया।

उसे यह जानकर बड़ा सन्तोष हुआ कि प्रस्तावक तो क्या किसी और ने भी उसे कुछ कहते नहीं सुना था। वे सब बाबूजी के चुने जाने की खुशी में शोर मचाने में व्यस्त थे। दूसरे दिन एक पुरस्कार समिति की बैठक थी। इस समिति में कल के अध्यक्ष भी थे और प्रस्तावक भी। अध्यक्ष ने प्रस्तावक को अपने सामने बैठे देखा तो डर गया। आज कहीं कोई दंगा ही न हो जाये।...

उसने दबे स्वर में पूछा, "आज का पुरस्कार भी बाबूजी को ही देना है क्या? वैसे यह पुरस्कार केवल पच्चीस सहस्र रुपयों का है।"

"नहीं!" प्रस्तावक ने निर्द्वन्द्व भाव से बड़े शान्त स्वर में कहा, "बाबूजी की कोई पुस्तक इस योग्य नहीं है कि उसे पच्चीस सहस्र, क्या पच्चीस रुपयों का भी पुरस्कार दिया जाये। पिछले पच्चीस वर्षों से तो उन्होंने कुछ लिखा भी नहीं है।"

अध्यक्ष चकित थे : जो व्यक्ति सारे देश के साहित्यकारों का सिरमौर बनकर देश की सर्वोच्च समिति में उनका प्रतिनिधित्व कर रहा है, उसकी कोई पुस्तक पच्चीस रुपयों के पुरस्कार के भी योग्य नहीं है? कहीं प्रस्तावक विनोद में तो यह सब नहीं कह रहा।

"नहीं! संकोच की कोई बात नहीं है।" अध्यक्ष ने कहा, "हम तो साहित्य के विषय में कुछ जानते नहीं हैं। आप जो कहेंगे, वही हो जायेगा।"

"संकोच काहे का?" प्रस्तावक बोले, "जो कहना था, कह दिया। अब आप हठ क्यों कर रहे हैं। नहीं है बाबूजी की कोई पुस्तक इस लायक।"

"पर कल आपने ही तो उन्हें देश के सर्वश्रेष्ठ साहित्यकार के रूप में सर्वोच्च समिति में भेज दिया।"

"तो इसमें गलत क्या है?" प्रस्तावक उखड़ गये, "वे साहित्यकार हैं। साहित्यकार के नेता हैं। पैसा है, सम्मान है, बड़े लोगों से मेलजोल है। सन्ध्या समय जमकर पीते और लुढ़कते हैं। हर लेखिका को अपनी सम्पत्ति समझते हैं। बड़े-बड़े बाल रखते हैं और उनमें से किसी एक को भी सफेद नहीं होने देते। नफीरी बजानेवालों की सी वर्दी पहनते हैं और प्रसन्न रहते हैं। सैकड़ों समितियों के अध्यक्ष हैं। सैकड़ों के सदस्य हैं। सरकारी पैसे से खाते-पीते

और मौज मनाते हैं। बड़े साहित्यकार वे नहीं तो आप होंगे? आपमें है हिम्मत सरकार को चूना लगाने की?"

"तो फिर यह पुरस्कार भी आप उन्हीं को क्यों नहीं देते?" अध्यक्ष ने कहा, "उनके सम्मान की दृष्टि से पुरस्कार छोटा है क्या?"

"अरे नहीं महाराज!" प्रस्तावक बोले, "यहाँ तो मामला पुस्तक का है। पुस्तक तो उनकी कोई इस योग्य नहीं है कि उसे पुरस्कृत किया जाये। हाँ! यहाँ भी साहित्यकार को पुरस्कृत करना होता तो मैं उनका ही नाम लेता; किन्तु बीच में पुस्तक आड़े आ रही है।"

अड़ी हुई टाँग

"हमें दिवाली में पटाखे नहीं चलाने चाहिए।" रामलुभाया ने कहा, "हम तो स्कूली बच्चों को लेकर संसद के सम्मुख एक प्रदर्शन करने जा रहे हैं कि पटाखों पर पूर्ण प्रतिबन्ध होना चाहिए।"

"क्यों?" मैंने पूछा, "जाने कब से हमारी परम्परा है दिवाली पर पटाखे चलाने की। तुम उसको बन्द कर देना चाहते हो।"

"परम्परा है तो क्या हुआ। बुरी चीज़ तो बुरी ही है।" वह बोला।

"क्या बुराई है?" मैंने पूछा।

"अरे भाई जगह-जगह पर आग लग जाती है। लोग जल जाते हैं।" वह बोला, "लोगों की सुरक्षा के लिए आवश्यक है कि पटाखे बन्द किये जायें।"

"जहाँ आग लगी है, वहाँ पटाखों की अवैध दुकानें थीं।" मैंने कहा, "इस समस्या का समाधान पटाखों को वैध और सुरक्षित ढंग से बेचने की व्यवस्था करना है या पटाखों पर प्रतिबन्ध लगाना?"

"वे अवैध ढंग से तो बिकेंगे ही।" वह बोला, "हमारी पुलिस उनसे उत्कोच लेकर पटाखे बेचने देती है।"

"तो अपनी पुलिस को सुधारो।" मैंने कहा।

"वह सम्भव नहीं है।" रामलुभाया अड़ा रहा, "पटाखे ही बन्द करवाने होंगे।"

"रामलुभाया! वर्ष-भर में कितने स्थानों पर बिजली के शार्ट सर्किट से आग लगती है?" मैंने पूछा।

"कई जगह लगती है।" वह बोला, "मेरे पास कोई आँकड़े नहीं हैं।"

"तो बिजली क्यों है इस देश में? विद्युत उत्पादन बन्द कर दिया जाना चाहिए।" मैंने कहा।

"की न मूर्खता की बात।" उसने मुझे डाँट दिया, "बिजली में क्या बुराई है। लोग ही असावधान होते हैं तो दुर्घटनाएँ होती हैं।"

"कितनी बसें नदियों में गिरती हैं?" मैंने कहा, "नदियाँ पाट दोगे अथवा उन पर बने पुल तुड़वा दोगे?"

"मुझे पागल समझते हो क्या? कहीं नदियाँ भी पाटी जाती हैं या पुल तोड़े जाते हैं।"

"पर लोग तो उसमें भी डूब कर मरते हैं।"

"वह लोगों की मूर्खता है।" वह बोला, "उन्हें उसका उचित उपयोग सिखाया जाना चाहिए।" "सड़कों पर प्रतिदिन दुर्घटनाएँ होती हैं।" मैं बोला, "रेलगाड़ियाँ भिड़ जाता हैं। विमान गिर पड़ते हैं। जलपोत डूब जाते हैं। तो क्या इन सबको नष्ट कर दिया जाना चाहिए?"

"तुम तो संसार को मध्ययुग के अन्धकार में धकेल देना चाहते हो, जहाँ न सड़कें हों, न गाड़ियाँ, न रेलें और न विमान। न बिजली और न बिजली से चलनेवाले यन्त्र।"

"मैं किसी को पीछे धकेलना नहीं चाहता।" मैंने कहा, "तुम ही तर्क दे रहे हो कि पटाखों से किसी की मूर्खता के कारण आग लग जाती है अथवा कोई झुलस जाता है तो दिवाली पर पटाखे बन्द कर दिये जायें। मिठाइयों से पेट खराब होता है। मिठाइयाँ न खाई जायें। होली पर रंग न डाला जाये, उससे परेशानी होती है। तुम कोई त्योहार मनाने भी दोगे?"

"तो हिन्दू अपने त्योहार ढंग से मनाते क्यों नहीं। हम तो सबको शिक्षित करना चाहते हैं।" वह बोला, "सारे ईसाई स्कूल इस प्रदर्शन में हमारे साथ हैं।"

"वे तो रहेंगे ही।" मैंने कहा, "तुम ईसाई नववर्ष पर मदिरापान और आधी रात की निशाचरी क्यों बन्द नहीं करवाते। उस रात इतना हुल्लड़ और गुंडागर्दी होती हैं कि कोई भला आदमी सड़क पर से गुजर भी नहीं सकता।"

"ईसाई धर्म तो नहीं कहता कि मदिरा पीओ और लोगों से झगड़ा करो।" वह बोला, "वह तो लोग ही पीने के शौक में वह सब कर बैठते हैं।"

"तो हिन्दू धर्म ही कहाँ कहता है कि असावधान होकर पटाखे चलाओ। स्वयं जलो और दूसरों को जलाओ।" मैंने कहा, "क्रिसमस के दिनों में सारे यूरोप और अमरीका में कितनी दुर्घटनाएँ होती हैं। उन्होंने तो क्रिसमस मनानी बन्द नहीं की।"

"तुम दूसरों के धर्म में टाँग अड़ा रहे हो।" उसने मुझे घूरकर देखा।

"मैं तो उनकी अड़ी हुई टाँग को उनकी पाली में धकेल रहा हूँ।" मैं बोला, "उन्होंने कैसे यह मान लिया कि उन्हें दूसरों के मामले में टाँग अड़ाने का विशेषाधिकार प्राप्त है। और तुम भी उनके बहकावे में आकर इस प्रकार का मूर्खतापूर्ण अभियान मत छेड़ा करो। अपने मन को निर्मल करो और अपने नयनों को विवेक के जल से धो लो। नहीं तो तुम उनके पैसे से पलनेवाले पिट्ठू और अपने समाज के शत्रु होने के पाप में चिरकाल तक दंडित होगे।"

औषध की गोली

रामलुभाया उड़ीसा के मयूरभंज क्षेत्र के दौरे से लौटा था और बहुत पीड़ित था।

"क्या बात है रामलुभाया?" मैंने पूछा, "यात्रा से थक गये हो क्या?"

"अरे नहीं!" वह बोला, "मैं तो इस देश की साम्प्रदायिकता से थक गया हूँ।"

"अब नया क्या हो गया?"

"वे बेचारे आदिवासी ईसाई बहुत ही डरे हुए हैं।"

"क्यों?" मैंने पूछा।

"वह दारासिंह पकड़ा नहीं गया न।"

"तो उससे वे क्यों डरे हुए हैं?" मैंने पूछा।

"अरे उसने दो पादरियों को मार दिया है।..."

"तो वे क्यों डरे हुए हैं? वे क्या पादरी हैं?"

"अब जाने वह किसको मारे।"

"तो फिर उनका डरना उचित ही है। आखिर वहाँ की पुलिस क्या कर रही है?"

"पुलिस! अरे कुछ मत पूछो।" रामलुभाया बोला, "पुलिस वहाँ के हिन्दू आदिवासियों को दिन-भर पीट रही है।" रामलुभाया ने बताया, "मैं गया था उनके गाँव। स्त्रियों ने बताया, पुलिस आती है। उन्हें घसीट-घसीटकर घर से बाहर निकालती है। उनको पीटती है, अपमानित करती है। और पूछती है कि दारासिंह कहाँ है।"

"तो वे हिन्दू क्या बताते हैं?" मैंने पूछा।

"क्या बतायेंगे बेचारे। वे जानते ही नहीं कि दारा कौन है। उन्होंने न उसे कभी जाना है, न देखा है।"

"तो फिर पुलिस उन्हें क्यों मारती है?" मैंने पूछा, "पुलिस भी तो उसे नहीं जानती, पर उसके लिए कोई पुलिस को तो नहीं पीटता। जबकि अपराधी को जानना पुलिस का काम है, ग्रामवासियों का नहीं।"

"पीटने के कई कारण हैं।" उसने बहुत गम्भीरता से बताया।

"जैसे?"

"पुलिस मारती तो इसलिए है कि उसे लोगों को पीटने में मजा आता है। अब बहाना मिल गया है कि उनके हाथ की खाज मिट जायेगी और विश्व-भर के ईसाई प्रसन्न होंगे।" वह बोला, "उड़ीसा की सरकार प्रसन्न होगी और रामपुत्री का दल प्रसन्न होगा।"

"यह कोई कारण न हुआ।" मैंने असहमति जतायी।

"और कारण यह है कि निरीह लोगों को पीटने में एक प्रकार का राक्षसी आनन्द आता है। विशेषकर जब किसी की पत्नी, पुत्री अथवा माँ को उसके सामने घसीटकर उसके कोमल शरीर पर जहाँ चाहे हाथ और डंडे का प्रहार किया जा सकता हो और उसका आनन्द लिया जा सकता हो।" उसने कहा।

"पर यह तो अत्याचार है।" मैंने कहा, "निर्दोष स्त्रियों-पुरुषों को इस प्रकार पीटा जा रहा है और हमारा सारा समाचार संसार मुँह में घुंघनियाँ भरे चुप बैठा है।"

"हिन्दुओं को मारने में कोई अत्याचार नहीं है।" वह बोला, "वे मानवाधिकारों से बाहर हैं। सोचो तो सही कि वहाँ के ईसाई कितने डरे हुए हैं। उनकी ओर ध्यान दो।"

"हाँ भाई! ईसाइयों का भय तो भय होता है। हिन्दुओं का भय भी कोई भय है।" मैंने कहा।

"अरे वे लोग तुम्हारी सहानुभूति के पात्र नहीं हैं।" वह निश्चित होकर बोला।

"क्यों?"

"अरे बड़े दुष्ट हैं वे लोग।"

"हाँ! दुष्ट तो हैं ही।" मैंने कहा, "अकारण ही पुलिस से पिटते हैं, फिर भी गोमांग के घर में आग नहीं लगाते।"

"नहीं!" वह बोला, "मुझे वहाँ के ईसाइयों ने बताया कि वहाँ के हिन्दू उन्हें अपने कुँओं और पोखरों से पानी नहीं भरने देते।"

"यह तो बड़ी ज्यादती है।" मैंने कहा, "पर वे ऐसा क्यों करते हैं?"

"वे कहते हैं कि धर्मान्तरित लोग अब उनके भाई नहीं रह गये हैं।" रामलुभाया ने बताया, "इसीलिए वे उन्हें अपने कुँओं और पोखरों से पानी नहीं देंगे।"

"पर तुमने उनसे पूछा नहीं कि वे ईसाई क्यों हो गये? अपने भाइयों से पृथक् होने की उन्हें क्या आवश्यकता थी। न वे पृथक् होते, न यह सारा

झमेला होता।"

"पूछा था मैंने।" रामलुभाया बोला, "वे कहते हैं कि वे रुग्ण हुए तो ईसाई पादरियों ने उन्हें औषध की एक गोली दी और कहा कि वे ईसाई हो जायें। यदि वे ईसाई नहीं बनते तो उन्हें औषध नहीं मिलती।"

"तर्क तो ठीक है।" मैंने कहा, "यदि वे लोग औषध की एक गोली के लोभ में ईसाई हो सकते हैं, तो पानी तो उनके जीवन की आवश्यकता है। पानी के लिए उन्हें हिन्दू हो जाना चाहिए।"

"यह तो साफ-साफ साम्प्रदायिकता है।" रामलुभाया रुष्ट हो गया।

"है तो।" मैंने कहा, "किन्तु पादरियों की साम्प्रदायिकता का प्रतिकार कैसे होगा?"

"रहने दो पादरियों को साम्प्रदायिक। हिन्दू क्यों इस दलदल में फँसते हैं?" रामलुभाया ने मुझे समझाया।

"अरे उससे हमारा समाज खंडित होता है।" मैं बोला, "देश और राष्ट्र के लिए संकट उत्पन्न हो जाता है।"

"पादरी जो कुछ कर रहे हैं, वह तो मानवता की सेवा है।" उसने मेरी बात अनसुनी कर दी, "हम किसी की धार्मिक स्वतन्त्रता में हस्तक्षेप नहीं कर सकते।"

"तुम्हारी खोपड़ी तो रोम में बनकर आयी लगती है।" मैंने कहा, "यह अच्छी मानव सेवा है कि औषध की एक गोली के लिए किसी निर्धन अज्ञानी का धर्म ले लो और कोई जल जैसी आवश्यक पदार्थ के लिए घर वापसी की शर्त रखे तो उसे साम्प्रदायिक कहने लगो।"

हिन्दू सम्मेलन

विमान से उतरते ही रामलुभाया ने मुझे शुभ समाचार दिया, "यह सम्मेलन तो हिन्दू सम्मेलन होने से बच गया।"

मैंने देखा : वह आह्लाद के सागर में तैर रहा था, जैसे अपने जीवन की चरम उपलब्धि कर लौटा हो।

"यह कैसे सम्भव हुआ?" मैंने पूछा।

"अरे कैसे न होता, हम जो थे वहाँ।" वह बोला, "जहाँ-जहाँ ऐसे सम्मेलन होंगे, हम वहीं-वहीं यज्ञध्वंस करेंगे।"

मुझे लगा, मेरे सामने रामलुभाया नहीं—ताड़का, मारीच और सुबाहु की त्रिमूर्ति खड़ी है।

"तुमने क्या किया?" मैं अपनी जिज्ञासा रोक नहीं पाया।

"वही, जो हम हर बार करते हैं।"

"पर क्या किया तुमने?"

"अरे सूरीनाम के राष्ट्रपति ने हमारे स्वागत में एक पान गोष्ठी रखी थी।" वह बोला, "हमने जमकर पी ली और उसके बाद बैठ गये, उसी के प्रासाद की सीढ़ियों पर।"

"क्या गिर गये?"

"नहीं। गिरे तो नहीं। बस बैठ गये।"

"बैठकर क्या किया?"

"अनशन।"

"अनशन का अर्थ होता है—अन् अशन? अर्थात् भोजन न करना। तुमने भोजन नहीं किया?"

"भोजन करना किसको था। हम तो पीकर ही तृप्त थे।" रामलुभाया ने कहा, "बैठ गये और जोर-जोर से चिल्लाने लगे कि हमारा अपमान हुआ है। हम लौट जायेंगे। हम सम्मेलन में भाग नहीं लेंगे।"

"तुमने यह नहीं सोचा रामलुभाया! कि तुम एक पराये देश की धरती पर उनके राष्ट्रपति के प्रासाद की सीढ़ियों पर बैठे हो और तमाशा कर रहे हो।

वहाँ संसार के अनेक देशों के लोग आये होंगे। उन सबने इसे देखा होगा, इससे हमारे देश की कितनी बदनामी हुई होगी।"

"होती रहे। हमें क्या?" उसने संशोधन किया, "वही तो हम चाहते थे।"

मैं उस देशभक्त पर कुर्बान हो गया।

"क्यों? भारत तुम्हारा देश नहीं है? उसका मान-सम्मान तुम्हारा मान-सम्मान नहीं है?" मैंने कहा, "उसके सम्मान की रक्षा तुम्हारा कर्तव्य नहीं है?"

"देखो, यह सब पट्टी हमको मत पढ़ाओ।" रामलुभाया कुछ आवेश में बोला, "हम देश का मान-सम्मान इत्यादि कुछ नहीं मानते। हम तो अपने शत्रुओं को बदनाम कर रहे थे। तुम जानते हो कि हम देश और राष्ट्र की सीमाओं को कब से पीछे छोड़ चुके हैं।"

"तुम्हारे लिए तुम्हारी पार्टी ही सब कुछ है?"

"नहीं पार्टी भी नहीं। हमको तो अपना मान-सम्मान प्यारा है। वे लोग जाने किन-किन लोगों को लेखक, पत्रकार और साहित्यकार बनाकर ले आये थे।..."

"खैर यह तो साहित्य का शाश्वत महाभारत है। जिसके मन में आता है, वह दूसरों को साहित्यकार मानने से इंकार कर देता है। तुम जितने लेखकों को साहित्यकार नहीं मानते, उससे अधिक संख्या में वे लोग तुमको साहित्यकार नहीं मानते।"

"तो क्या मानते हैं?"

"जोड़तोड़ का उस्ताद।"

"मैं जो भी हूँ, पर मैं उनको साहित्यकार नहीं मानता।"

"तुम इस भ्रम में हो कि तुम साहित्यकारों के पंजीकार हो। तुम्हारे प्रमाणपत्र के बिना कोई साहित्यकार बन नहीं सकता। सत्य यह कि साहित्यकारों को तुम्हारी मान्यता की आवश्यकता नहीं है।" मैंने कहा, "और यह तो हिन्दी सम्मेलन था। इसमें अध्यापक और हिन्दी सेवी भी गये थे।"

"जो कोई भी गया हो।" रामलुभाया ने ऐंठकर कहा, "उन्होंने मुझे अपमानित किया और मैंने उन्हें अपमानित किया।"

"कैसा अपमान हुआ था?"

"व्यवस्था सम्बन्धी दोष था उनका।" रामलुभाया ने कहा, "होटलवाला हमसे दो दिनों का किराया माँग रहा था।"

"और तुम देना नहीं चाहते थे।"

रामलुभाया को क्रोध आ गया, "पैसों की क्या बात है। पैसे दे सकता हूँ मैं। कमाता हूँ। सारे दल के लोगों का टिकट खरीद सकता हूँ मैं।"

"तो फिर दिये क्यों नहीं?"

"मैं चाहता था कि आयोजक दें।"

"तो आयोजकों से कहते। अनशन करने क्यों बैठ गये?"

"अरे अनशन किया तो कितना लाभ हुआ।" वह हँस पड़ा, "पैसे भी आयोजकों ने दिये। मुझसे क्षमा भी माँगी। मैंने अपने अपमान का प्रतिकार कर लिया।"

"तुमने अपने अपमान का प्रतिकार नहीं किया रामलुभाया!" मैंने कहा, "तुमने विदेश में एक विश्वमंच से अपने देश का अपमान मात्र किया है।"

"तो उन्होंने मुझसे क्षमा क्यों माँगी?"

"जिन्होंने क्षमा माँगी, वे भले लोग थे। वे लोग अपने देश का सम्मान बचाने का प्रयत्न कर रहे थे।" मैंने कहा, "वह उनका त्याग था।"

"खैर!" उसने बात बदली, "वह हिन्दू सम्मेलन होने से बच गया।"

"बच गया का क्या अर्थ? वह हिन्दू सम्मेलन था ही नहीं। हिन्दू सम्मेलन ही करना होगा, तो विश्व हिन्दू परिषद् डंके की चोट पर करेगी।" मैंने कहा, "और फिर जिन भारतवंशियों को अपने साथ मिलाने के लिए यह सम्मेलन किया गया, उन लोगों ने यहाँ भी रामचरितमानस की चौपाइयों का पाठ किया। रामजी की जय बुलायी। वे तुम्हारे साथ हैं, क्योंकि वे मानते हैं कि तुम उनके धर्म के मूलस्रोत भारत से आये हो। और तुम यहाँ से भरत की जनता के पैसे पर वहाँ प्रवासी भारतवंशियों को यह बताने गये थे कि तुम हिन्दू होने से बचना चाहते हो। सम्मेलनों को हिन्दू होने से बचाना चाहते हो। भारत उनके धर्म का न उत्स है, न स्रोत?"

"तुम न जाने क्या बकने लगे हो।" वह बोला, "हम तो ऐसा कोई सम्मेलन नहीं होने देंगे। जहाँ होगा, वहाँ हड़कम्प मचा देंगे।"

मैं समझ रहा था कि सिद्धाश्रम में बच गया मारीच, स्वर्णमृग का स्वाँग बनाकर पंचवटी की ओर दौड़ रहा था।

मानवाधिकार

"दिल्ली में महिलाएँ तनिक भी सुरक्षित नहीं हैं। उनके विरुद्ध अपराध बढ़ते ही जा रहे हैं।" वे बोले।

"कारण?" मैंने पूछा।

"अपराधी को दंड नहीं मिलता तो उसका साहस बढ़ जाता है; और फिर उसको देखकर और अपराधी पैदा होने लगते हैं।"

"समाधान क्या है?"

"कठोर दंड।"

"अर्थात्?"

"बलात्कारी को मृत्युदंड दिया जाये।" वे बोले।

"जब धनंजय चटर्जी को मृत्युदंड दिया जा रहा था तो आप भी मोमबत्तियाँ लिये, रात-भर सरकार के विरुद्ध नारे लगाते रहे थे—यह सरकार अपराधियों को सुधारती नहीं, उन्हें फाँसी पर चढ़ा देती है, इत्यादि-इत्यादि। सरकार की बहुत हाय-हाय की थी आपने।"

"वह मानवाधिकार का मामला था।" वे बोले, "प्रत्येक मानव को जीने का अधिकार है। आप उसको कोई भी दंड दे सकते हैं, पर उसका जीवन नहीं छीन सकते। जब आप किसी को जीवन दे नहीं सकते तो किसी का जीवन छीन कैसे सकते हैं?"

"तो बलात्कारी और हत्यारों के भी मानवाधिकार हैं?" मैंने पूछा।

"क्यों नहीं। वे मनुष्य नहीं हैं क्या?"

"नहीं! वे दरिन्दे हैं। हिंस्र पशु हैं।" मैंने कहा, "यह बताओ कि जिस बालिका, किशोरी, युवती अथवा प्रौढ़ा के साथ बलात्कार कर उसकी हत्या की जाती है, उसके कोई मानवाधिकार हैं या नहीं हैं? उसे जीने का अधिकार है या नहीं?"

"है। है क्यों नहीं?"

"तो जिस बलात्कारी हत्यारे ने उसका सम्मान और जीवन छीना, उसे क्या अधिकार था कि वह किसी दूसरे का जीवन छीने? यदि देश की सरकार को

यह अधिकार नहीं है कि वह बलात्कार और हत्या जैसे अपराध करनेवाले से उसका जीवन छीन सके, तो एक अपराधी को यह अधिकार कैसे दिया जा सकता है कि वह किसी के भी प्राण ले ले?"

"नहीं! उसको यह अधिकार नहीं है।"

"तो तुम उस सारी रात क्या बकवास करते रहे थे?"

"वह बकवास थी?"

"तो और क्या था?" तुम सरकार को धमकियाँ और गालियाँ देते रहे थे; और मुझे लग रहा था कि तुम देश के सारे शान्तिप्रिय नागरिकों को धमका रहे हो। राक्षस कहीं के।"

"नहीं! ऐसा कुछ तो नहीं था।"

"तुम शान्तिप्रिय नागरिकों के पक्ष में हो या बलात्कारी हत्यारों के?"

"तुम मुझसे ऐसा अनर्गल प्रश्न कैसे कर सकते हो।" वे बिफर गये, "मैं हत्यारा और बलात्कारियों के पक्ष में कैसे हो सकता हूँ। मैं तो केवल मानवाधिकारों..."

"तो तुम चाहते हो कि मनेन्द्रसिंह कोहली को मृत्युदंड मिले, क्योंकि उसने भी यही अपराध किया है।"

"हाँ! वहाँ की सरकार चाहे तो मृत्युदंड दे। मुझे क्या कहना है?"

"तो धनंजय चटर्जी में ऐसा क्या था कि तुम चाहते थे कि उसे मृत्युदंड न दिया जाये?"

"उसके माता-पिता को देखो, कैसे वृद्ध और निर्धन हैं। उन पर तो दया की जानी चाहिए थी।" वे अब भी अपनी बात पर दृढ़ थे।

"तो वृद्ध और निर्धन माता-पिता के पुत्रों को अधिकार है कि वे दूसरों की पुत्रियों के साथ बलात्कार कर उनकी हत्या कर दें।"

"मैंने यह नहीं कहा।"

"कह तो तुम यही रहे हो; किन्तु तुम्हारी समझ में कुछ नहीं आ रहा है।"

"मैं मानवाधिकार के पक्ष में...।"

"तुम राक्षसाधिकार के पक्ष में प्रदर्शन करते रहे थे।"

"मैं तो केवल यह कह रहा हूँ जब हम किसी को जीवन दे नहीं सकते तो हमें किसी का जीवन लेने का क्या अधिकार है। संसार के बड़े-बड़े चिन्तकों ने यही कहा है।"

"उन बड़े-बड़े चिन्तको की बेटियों के साथ किसी ने बलात्कार नहीं किया था और न ही किसी ने उनकी हत्या की थी।" मैंने उनको टोक दिया।

वे चुप होकर मेरी ओर देखने लगे।

"हमें किसी के प्राण लेने का अधिकार नहीं है?"

"नहीं।" वे बोले।

"चाहे वह हमारे प्राण ले ले।"

"हमें आत्मरक्षा का अधिकार है।"

"आत्मरक्षा तभी तक होती है, जब तक हम जीवित और समर्थ हैं।"

"तभी तक करो।"

"और यदि कोई किसी की हत्या करने आये या हत्या कर जाये, तो उसे प्राणदान दिया जाये।"

"हाँ! उसे कोई और दंड दिया जा सकता है।"

"हम सेना क्यों रखते हैं?" मैंने पूछा!

"देश की रक्षा के लिए।"

"मैं कहूँगा, उन लोगों के प्राण लेने के लिए, जो हमारे देश पर आक्रमण करते हैं, हमारी भूमि छीनते हैं, हमारे नागरिकों को मारते अथवा बन्दी बनाते हैं, हमारे देश को नष्ट करने का प्रयत्न करते हैं।"

"हाँ! ऐसा ही है।" वे सहमत हो गये।

"तो सेना के रूप में सरकार को अधिकार है कि वह किसी के प्राण ले किन्तु न्यायाधिकरण के रूप में नहीं है?"

"वह देश के शत्रुओं के लिए है।"

"और समाज के शत्रुओं के लिए नहीं है?"

"हम उनके प्राण नहीं ले सकते। मानवाधिकार की बात है।"

"मानवाधिकार प्रत्येक मानव का है—देश के शत्रुओं का भी। कल को तुम कहोगे कि हमें विदेशी आक्रमणकारियों के प्राण लेने का भी अधिकार नहीं है।"

"ऐसा हम क्यों कहेंगे? पागल हैं क्या?"

"इसका उत्तर तो शायद तुम भी नहीं दे सकते; क्योंकि धनंजय चटर्जी के समर्थन का भी कोई तर्क नहीं है।"

"तो तुम कहते हो कि धनंजय को फाँसी देना उचित था?" उन्होंने चकित होकर पूछा।

"उस छह वर्षों की बच्ची के माता-पिता से पूछो, जिसकी हत्या कर एक राक्षस ने उसकी टाँगें काटकर उससे दुष्कर्म किया।"? मैं कुछ आवेश में था, "और तुमने भी तो बातचीत के आरम्भ में बलात्कारी के लिए मृत्युदंड प्रस्तावित किया था।"

“ओह!” उन्होंने अपना सिह खुजलाया, “मैं जब महिला संगठनों के साथ काम करता हूँ तो बलात्कारियों को मृत्युदंड दिये जाने का समर्थन करता हूँ और जब मानवाधिकार संगठनों के साथ काम करता हूँ तो बलात्कारियों ही नहीं हत्यारों को भी मृत्युदंड से बचाने के लिए नारे लगाता हूँ। पता नहीं मैं क्या करता रहता हूँ।”

“मैं बताऊँ, तुम क्या करते रहते हो।” मैंने कहा, “तुम प्रदर्शन करने और नारे लगानेवाली मशीन हो, जिसके बटन दूसरों के हाथ में हैं। वे बटन दबाते हैं और तुम कठपुतली के समान उनकी आज्ञाओं का पालन करने लगते हो।”

अधिकार

''देखो कम्प्यूटर फिर काम नहीं कर रहा है।'' रामलुभाया ने कहा।

''ठीक है।'' मैंने कहा, ''मैं इंजीनियर को फोन कर देता हूँ। आकर देख लेगा।''

''नहीं! गुप्ता को नहीं बुलाना है। बल्कि इस बार उससे ठीक ही नहीं कराना है। किसी और को बुलाओ।''

मैं कुछ परेशान हुआ। गुप्ता जी हमारे वर्षों के परखे हुए व्यक्ति थे। अब अचानक क्या हो गया कि यह रामलुभाया उन्हें बुलाना ही नहीं चाहता।

''क्यों? उसे क्यों नहीं बुलाना है?'' मैंने पूछा।

''वह आएगा और कहेगा, यह बदल दो, वह बदल दो।'' रामलुभाया ने कहा, ''हाँ कोई भी पुर्ज़ा खराब नहीं है। हमको कुछ नहीं बदलवाना। इसीलिए गुप्ता को नहीं बुलाना। किसी और को बुलाओ।''

''तुम्हें कम्प्यूटर के विषय में कुछ मालूम भी है?''

''नहीं।''

''दोष क्या है, मालूम है?''

''नहीं।''

''तुम्हें कैसे पता है कि गुप्ता जी क्या कहेंगे – तुम भविष्य वक्ता हो या उनके मन में बैठे हो?''

''नहीं।''

''तो तुमने कैसे निर्णय ले लिया कि गुप्ता जी को नहीं बुलाना है, चाहे और किसी भी काले चोर को बुला लें?'' मैंने उसे डाँट दिया और प्रसन्न हो गया कि मैंने उसकी अकल ठिकाने लगा दी है।

उसने मुझे घूरा, ''तुम्हारी पार्टी के अध्यक्ष संस्कृत जानते हैं?''

''नहीं!'' मैंने उत्तर दिया; किन्तु समझ नहीं पाया कि वह कम्प्यूटर से हमारी पार्टी के अध्यक्ष तक कैसे पहुँच गया।

''वे हिन्दी जानते हैं?''

''नहीं। पर उससे इसका क्या सम्बन्ध?''

''उन्होंने रामायण को मूल में कभी पढ़ा है?''

''नहीं! पर...''

''वे उसका शब्द शब्द गहराई से समझते हैं?''

''नहीं! पर...''

''पर पर क्या।'' उसने मुझे डाँट दिया, ''जब वे बिना जाने, बिना पढ़े, बिना समझे, उसका सम्पादन करने की माँग कर सकते हैं, तो मैं कम्प्यूटर के इंजीनियर को बदलने की माँग क्यों नहीं कर सकता?''

(22.7.2005)

एक और पाकिस्तान...

रामलुभाया मिला तो बहुत व्याकुल था।

मेरे कुछ पूछने से पहले ही उसने अपनी व्याकुलता उगल दी, "भई! यह क्या बात हुई, आप लोग हिन्दी के पाठ्यक्रम में मुसलमान लेखकों को उचित प्रतिनिधित्व क्यों नहीं देते?''

जैसे सुनामी लहरें मेरे मस्तिष्क को झकझोर गयीं : यह कैसा प्रश्न?

"साहित्य के पाठ्यक्रम में साहित्य पढ़ाया जाता है, हिन्दू या मुसलमान नहीं।"

मैं जानता था कि उसका प्रश्न सेकूलर था और मेरा उत्तर साम्प्रदायिक। क्या करता। अपने देश में यदि चरम साम्प्रदायिकता के ध्वजवाहकों द्वारा प्रचारित छद्म 'राजनीतिक सेकूलरवाद' का अनुसरण न किया जाए, तो व्यक्ति साम्प्रदायिक घोषित हो जाता है।

"मुसलमान लेखकों का साहित्य क्यों नहीं पढ़ाते, उनकी संख्या के अनुपात में?"

"तो आपको साहित्य में भी एक पाकिस्तान चाहिए?'' मैंने पूछा।

"इसमें पाकिस्तान की बात कहाँ से आ गयी?'' वह बोला।

"नहीं तो मुसलमानों के अनुपात की बात कहाँ से आयी? पाठ्यक्रम के लिए चयन के समय, श्रेष्ठ साहित्य का विचार रखा जाए या हिन्दू-मुसलमानों का। वैसे खुसरो, रहीम, जायसी, रसखान जैसे साहित्यकार तो हिन्दी साहित्य के पाठ्यक्रम में हैं ही।"

"वे तो अब पुराने हो गये।'' रामलुभाया बोला, "नये लोगों की बात करो।..."

"नये अर्थात्?...''

"गालिब, मीर, इकबाल...''

"वे उर्दू के कवि हैं।'' मैंने कहा।

"उससे क्या?'' रामलुभाया ने तड़प कर कहा, "एक ही बात है। दोनों में क्या अन्तर है। हिन्दी न कहिए, हिन्दुस्तानी कहिए।''

“दोनों में कोई अन्तर नहीं है, तो प्रत्येक विद्यालय, महाविद्यालय, विश्वविद्यालय में उर्दू विभाग क्यों खोल रखा है? बन्द करो सारे उर्दू विभाग। स्वीकार करो कि उर्दू भी हिन्दी की ही एक शैली है। हम पढ़ा लेंगे गालिब, मीर और फिराक़।”

“फिराक़ नहीं।'' रामलुभाया बोला, “वह तो हिन्दू है।”

“अर्थात् तुम्हें उर्दू के कवियों में भी केवल मुसलमान कवि ही चाहिए।''

“नहीं तो अल्पसंख्यकों का प्रतिनिधित्व कैसे होगा।'' वह तड़प कर बोला।

“अर्थात् उर्दू में से हिन्दू रचनाकारों को निकाल दो और हिन्दी में मुसलमान रचनाकारों का कोटा निश्चित कर दो, चाहे वे हिन्दी का एक शब्द न जानते हों।''

“सेकूलर परिवेश के लिए यह आवश्यक है।'' वह अंगद का पाँव बना बैठा था।

“चलो, वह बाद में देखेंगे कि किसे पढ़ाया जाना है, पहले उर्दू विभाग बन्द करवाओ।''

“तुमसे बड़ा मुस्लिम-विरोधी मैंने नहीं देखा।'' रामलुभाया कुछ क्रुद्ध हुआ, “मैं उनके प्रतिनिधित्व की बात कर रहा हूँ और तुम उनके उर्दू विभाग बन्द करवाना चाहते हो।”

“तो तुम मानते हो कि उर्दू विभाग मुसलमानों के हैं?'' मैंने कहा।

“और नहीं तो क्या।'' वह बोला, “नहीं तो कश्मीर का मुसलमान उर्दू क्यों पढ़ रहा होता।''

“मैंने तुमसे बड़ा दोगला नहीं देखा, रामलुभाया!'' मैंने कहा, “एक ओर कहते हो कि हिन्दी और उर्दू दो पृथक् भाषाएँ नहीं हैं और फिर न केवल दोनों के अलग-अलग विभाग भी चलाए रखना चाहते हो, उर्दू को मुसलमानों की भाषा मान कर उसे सारे देश पर लादना भी चाहते हो।“

“हाँ। दो पृथक् भाषाएँ नहीं हैं।'' वह बिलबिला कर बोला, “बन्द ही करना है तो हम हिन्दी विभाग बन्द करना चाहेंगे।''

“कर दो।'' मैंने कहा, “उर्दू विभाग को कहो कि वह सूर, तुलसी, कबीर और मीरा भी पढ़ाए। जयशंकर 'प्रसाद', निराला, वृंदावनलाल वर्मा, हजारीप्रसाद द्विवेदी और अमृतलाल नागर भी पढ़ाए।''

“यह कैसे सम्भव है।'' रामलुभाया बोला, “उर्दू विभाग, जैसा है, उसे वैसा ही छोड़ दो। जिसको कहते हैं न 'हैंड्स ऑफ'।''

"तो ऐसा करो।" मैंने कहा, "उर्दू विभाग सूर तुलसी भी पढ़ाएँ; हिन्दी वाले ग़ालिब और मीर पढ़ा लेंगे।"

"मैं कह रहा हूँ कि उर्दू विभाग जैसा है, उसे वैसा ही रहने दो। हिन्दी विभाग ग़ालिब, मीर और इकबाल पढ़ाए। सम्भव हो तो तुलसी और सूर को तो निकाल ही दे।"

"तुष्टीकरण का मामला है?" मैं मुस्कराया, "मुसलमानों को ब्याजमुक्त ऋण दिया जाए और उस घाटे को पूरा करने के लिए हिन्दुओं को दिए गये ऋण पर ब्याज दुगना कर दिया जाए। जजिया लगा रहे हो हिन्दुओं पर? तुम रामलुभाया हो या औरंगजेब?"

"ब्याज शरीयत-विरोधी है।" उसने कहा।

"भारत में भारतीय संविधान के अधीन शासन होगा या शरीयत के नियमों के अनुसार?" मैंने पूछा, "तुम भारतीय संविधान को एक बार आग ही क्यों नहीं लगा देते?"

"बकवास मत करो।" उसने अपना मुहावरा दुहरा दिया, "बात केवल हिन्दी पाठ्यक्रम में मुसलमान लेखकों की है, किन्तु तुम्हारी साम्प्रदायिकता सब जगह आड़े आ जाती है।"

"ऐसा करो रामलुभाया!" मैंने कहा, "गंगा के जल में से मुसलमानों का प्रतिशत तय कर लो। वह उनको दे दो और शेष पानी अल्पसंख्यकों समेत सारे देश का।"

"मैं मुसलमान लेखकों को हिन्दी के पाठ्यक्रम में पढ़ाने की बात कर रहा हूँ।" वह बोला, "और तुम अनाप-शनाप बक रहे हो।"

"और मैं इस देश के प्रत्येक नागरिक के समान अधिकारों की बात कर रहा हूँ, और तुम एक वर्ग को धर्म के नाम पर विशेषाधिकार देना चाह रहे हो। पहले भी पाकिस्तान तुमने ही बनाया था। तुम चाहते हो कि हर चीज में बँटवारा हो। एक भाग उनको दे दिया जाए और दूसरे में दोनों का अधिकार समान ही नहीं रहे, समग्र पर उनका आधिपत्य रहे। संसार में ऐसा बँटवारा तो कहीं नहीं होता।"

"यह बटवारा नहीं है।" वह चिल्लाया, "यह वैमनस्य दूर करने का प्रयत्न है। निकट आने की कोशिश। किसी को तो खिड़की खोलनी ही होगी। तो हम ही क्यों न खोलें।"

"खिड़कियाँ दरवाजे सब खोलें, किन्तु तुम तो चोर दरवाजा खोलने का प्रयत्न कर रहे हो।" मैंने कहा, "आज तुम हिन्दी विभाग से यह माँग कर रहे हो, कल संस्कृत विभाग को भी कहोगे कि वे अपने पाठ्यक्रम में इकबाल

का साहित्य अनिवार्य कर दें और कालिदास एवं भवभूति वैकल्पिक कवि कर दिए जाएँ।''

"हाँ! इकबाल ही नहीं, संस्कृत के पाठ्यक्रम में मैं फिरदौसी को भी रखवाना चाहूँगा। सेकूलरिज्म..."

मैं समझ गया कि इस देश में साम्प्रदायिकता और देशद्रोह को सेकूलरिज्म कहते हैं।

(31.1.2007)

कुम्भकर्ण

रामलुभाया बिल्कुल झगड़े की मुद्रा में आया था, ''यह क्या हो रहा है, गुंजरात में?''

''या तो समाचारपत्र पढ़ लो, दूरदर्शन में समाचार सुन लो, या कोई प्रतिनिधि मंडल लेकर चले जाओ। सब कुछ ज्ञात हो जाएगा।''

''मैं पूछ रहा हूँ कि ये दंगे क्या कोई अच्छी बात है?''

''नहीं तो। आजतक किसी ने कभी माना कि दंगे अच्छी बात है। जिन्नाह तक ने नहीं माना था। मुशर्रफ भी नहीं मानता।'' मैंने कहा।

''तो फिर गुजरात में दंगे क्यों हो रहे हैं?'' उसने मुझे इस प्रकार घूरा जैसे गुजरात के दंगों के लिए मैं ही अपराधी हूँ।

''तुमने पढ़ा या सुना होगा कि गोधरा में साबरमती एक्सप्रेस को घेर कर उसके कुछ डब्बों में आग लगा कर पचास-साठ लोगों को जीवित जला दिया गया था। जलाने वाले धर्म से मुसलमान थे और संगठन से कांग्रेसी थे। उनके द्वारा किए गये उस बर्बर नरसंहार के विरोध में ये दंगे भड़क उठे, जो अबतक थम नहीं रहे।''

''पकड़ तो लिया है तीन-चार आदमियों को।'' उसने मुझे आँखें दिखाईं।

मैं समझ रहा था कि यह उसके दल का लक्षण था। जब अपने मन में चोर हो तो दूसरे की छाती पर चढ़ बैठो।

''गोधरा का नर संहार करने वाले दो ढाई हजार व्यक्ति थे। तीन-चार को पकड़ लेने से क्या होगा। उससे क्या लोगों का क्रोध थम जाएगा।''

''तुम इन दंगों को गोधरा की क्रिया की प्रतिक्रिया बता रहे हो और मेरा विचार है कि गोधरा का नरमेध भी प्रतिशोध के रूप में ही हुआ था?''

''किसका प्रतिशोध?''

''तुम जानते नहीं हो कि जो लोग जीवित जलाये गये, वे अयोध्या से लौटने वाले कारसेवक थे। वे अतिप्रज्वलनशील नारे लगा रहे थे। उससे वहाँ एकत्रित भीड़ को क्रोध आ गया। और उन्होंने उनको जीवित जला दिया। वह तो कहो कि बचाव हो गया नहीं तो सारी गाड़ी जल जाती।''

लग रहा था कि रामलुभाया को सारी योजना की पूर्वसूचना थी।

''कितनी बुरी बात है।'' मैंने कहा।

''इसमें बुरा क्या है, यह तो बहुत स्वाभाविक है।'' वह बोला, ''तुम दूसरों का दिल जलाओगे तो वे तुम्हारे बच्चों को जीवित जलाएँगे।''

''किसने किसका दिल जलाया था?'' मैंने पूछा।

''कारसेवकों ने नारे नहीं लगाए थे— जयश्रीराम। बस स्टेशन पर जमा मुसलमानों की भीड़ को क्रोध आ गया और उन्होंने कारसेवकों को जला दिया।''

''इसका अर्थ है कि मसजिद से अज़ान की आवाज आये तो हिन्दुओं की भीड़ कहे कि इससे हमारा दिल जलता है और वह मसजिद को आग लगाकर लोगों को जीवित जला दे?''

''बकवास मत करो। मुसलमानों में तो मुर्दों को भी नहीं जलाया जाता, तुम उन्हें जीवित जलाने की बात कर रहे हो।'' उसने कहा, ''होश की दवा करो। तर्क की बात करो। कारसेवकों ने नारे क्यों लगाये?''

''अर्थात् जो जला कर मार डाले गये, वे ही इस नरसंहार के दोषी थे?''

''और क्या? '' वह बोला, ''अपनी हत्या के लिए ही नहीं, गुजरात के दंगों में मरने वालों की हत्या के लिए भी वे ही दोषी हैं।''

''तुम जाकर मुल्ला उमर की सेना में भरती हो जाओ।'' मैंने कहा, ''जयश्रीराम का उद्घोष करने पर जीवित जला कर मार देने का दंड तुम और तुम्हारी पार्टी ही उचित ठहरा सकते हो।''

''न जाते वे कारसेवा करने तो यह कांड क्यों होता।'' वह बोला।

''तुम जन्मभूमि का मन्दिर तोड़कर मसजिद बनाने का समर्थन न करते, तो वे कारसेवा करने क्यों जाते?''

''हिन्दुओं ने वहाँ मन्दिर बनाया ही क्यों?'' वह मुझ पर झपट पड़ा, ''न वहाँ मन्दिर बनाया गया होता, न उसे तोड़कर मसजिद बनाने की आवश्यकता पड़ती।''

''श्रीराम का जन्म वहाँ हुआ था, इसीलिए वहाँ मन्दिर बनाया गया।'' मैंने कहा, ''संसार में ऐसा कहाँ होता है कि किसी अवतार की जन्मभूमि पर उनकी स्मृति में बने मन्दिर को तोड़ कर विरोधी धर्म वाले अपना धर्मस्थल बना दें।''

वह आवेश से भर उठा, उसका मुँह लाल हो गया, ''तो श्रीराम ने वहाँ जन्म ही क्यों लिया। कहीं और जन्म ले लेते। वैसे उन्होंने जन्म ही क्यों लिया। सारा कांड तो वहीं से आरम्भ होता है। न लेते वे जन्म तो मन्दिर बनता ही क्यों?''

मैंने उसे ध्यान से देखा : वह पागल तो नहीं हो गया? हो भी गया हो सकता है। ये राजनीतिक दल अपनी कुर्सी के लिए जो न कर दें।

"श्रीराम का जन्म न होता तो रावण को कौन मारता?" मैंने कहा, "वैसे तो रावण के मारे जाने के बावजूद तुम जैसे कुम्भकर्ण आज भी इस देश में बस रहे हैं। सत्ता की सुरा पी रहे हैं और हिन्दुओं को भैंसा मान कर उनकी हड्डियाँ चबा रहे हैं। लगता है, श्रीराम को फिर एक बार आना होगा।"

(26.3.2002)

चिन्ता दलाईलामा के लिए

रामलुभाया बहुत परेशान था और धड़ाधड़ फोन घुमा रहा था। मुझे लगा कि उसके माथे पर पसीने की बूँदें चमक आयी थीं। मैंने उसे कुछ कहने के स्थान पर उसके हाथ को छुआ। मुझे लगा कि उसका शरीर सामान्य से कुछ अधिक गर्म था। शायद उसे ज्वर हो गया था। नहीं यह ज्वर नहीं था, शायद उत्तेजना मात्र थी। मेरे स्पर्श से वह चौंका। उसने मेरी ओर देखा; किन्तु फोन के बटन दबाता ही चला गया।

''क्या कर रहे हो रामलुभाया?'' मुझे पूछना ही पड़ा।

''मैं?'' उसने मेरी ओर देखा, ''मैं दलाई लामा के सचिवालय से सम्पर्क करने का प्रयत्न कर रहा हूँ।''

अब भी उसने फोन नहीं छोड़ा था।

मैं कछ चकित हुआ। पर वह मेरा ही दोष था। भला रामलुभाया की किसी व्यस्तता से चौंकने की क्या आवश्यकता थी? वह तितली पकड़ने से ले कर प्रधानमन्त्री से मिलने तक का काम समान तल्लीनता से करता था।

''पर क्यों?'' मैंने कुछ झल्ला कर पूछा, ''दलाईलामा से तुम्हें क्या काम पड़ गया।''

''काम मेरा नहीं है,'' उसने अपने स्वर को रहस्यपूर्ण बनाते हुए कहा, ''काम तो उन्हीं का है।''

''काम उनका है, तो वे स्वयं तुम से सम्पर्क करेंगे।'' मैंने कहा, ''तुम क्यों झक मार रहे हो।''

''चुप!'' उसने मुझे डाँट दिया, ''मामला गम्भीर है। इस समय तुम मज़ाक़ मत करो।''

मैं गम्भीर हो गया, ''क्या बात है, रामलुभाया?''

''यदि उनसे सम्पर्क हो जाए, तो मैं उनको सावधान करना चाहता हूँ कि वे अपनी सुरक्षा का प्रबन्ध कर लें।''

''उनकी सुरक्षा का प्रबन्ध भारत सरकार के जिम्मे है।'' मैंने भी तड़प कर कहा, ''हाँ उन्हें चीन की ओर से कोई संकट नहीं है।''

''मैं चीन के संकट की बात नहीं कर रहा हूँ।'' वह बोला, ''मैं तो भारतीय पुलिस के संकट की बात कर रहा हूँ। जाने कब किस के मन में आये और वह आधी रात को जा कर उन्हें बाँध कर ले आये और किसी सड़े से कारागार में डाल दे। न जमानत होने दे, न किसी से मिलने दे। पुलिस कस्टडी में डाल दिया तो समझो नरक में ही डाल दिया।''

''पर कोई उन्हें क्यों पकड़ेगा?'' मैंने कहा, ''उन्होंने किया ही क्या है?''

उसने अति वक्र दृष्टि से मेरी ओर देखा, ''शंकराचार्य ने क्या किया था?''

मैं एक क्षण को स्तब्ध खड़ा उसे देखता रहा।

''वे धर्मगुरु हैं और आजकल धर्मगुरुओं के साथ ऐसा ही व्यवहार किया जाता है।'' वह बोला, ''राक्षसों का राज्य आ गया है। पुराणों में जो वर्णन है न राक्षसी राज्य का, वही स्थिति है। पूजा करोगे, हवन करोगे, तो या कारागार में होगे, या अंधकूप में। सद्ग्रन्थ पढ़े नहीं जा सकते। धर्म की बात की नहीं जा सकती। करोगे तो राक्षस तुम्हारा रक्त पी कर अस्थियाँ शरभंग मुनि के आश्रम में छोड़ आएँगे।''

''नहीं! इतनी बुरी अवस्था नहीं आयी है।'' मैं अपने भयभीत मन को सान्त्वना देने का प्रयत्न कर रहा था, ''पुलिस का कोई अधिकारी ऐसा करने का साहस नहीं कर सकता।''

''साहस पुलिस का कहाँ होता है, वह तो भयभीत चूहे के समान अपने प्रभुओं की ओर देखती रहती है।'' वह बोला, ''साहस तो राज-समाज का होता है। उसमें साहस से अधिक दुस्साहस है। डाकुओं के समान काम करते हैं ये। प्रमाण नहीं होगा, पकड़ नहीं पाएँगे, तो गोली मार देंगे।''

''पर कोई कारण भी तो हो।'' मैंने कहा।

''शंकराचार्य के साथ ऐसा व्यवहार करने का कोई कारण बता दो।'' उसने कहा।

''बहुत बुरा व्यवहार किया क्या?''

''पता नहीं।'' वह बोला, ''जैसा भी किया हो। उस व्यवहार के लिए ही तो स्वयं शंकराचार्य ने पूछा था, 'मैं क्या वीरप्पन हूँ।' ''

''हाँ! अच्छा व्यवहार तो नहीं ही किया होगा। पर शायद कोई कारण

हो।'' मैंने कहा, ''मैं क्या जानता हूँ।''

''हिन्दू हो न!'' उसने मुझे मुँह चिढ़ाया, ''शायद कोई कारण हो! अपने धर्म गुरु के अपमान को देखते रहेंगे और सोचते रहेंगे कि शायद कोई कारण हो।''

''हाँ! कानून तो अपने रास्ते ही चलेगा।''

''चले।'' वह बोला, ''किन्तु आतंकवादियों को तो आप मल्हम लगा रहे हैं। डाकुओं को सांसद और मन्त्री बना रहे हैं। वहाँ क्यों कानून अपने रास्ते नहीं चलता। सन चौरासी के दंगों में जिन लोगों का सहयोग मुखर हो कर सामने आया है, उनके लिए कानून अपने रास्ते क्यों नहीं चला? शाही इमाम के वक्तव्यों और हरकतों को देखते हुए, कानून अपने रास्ते क्यों नहीं चलता। हुर्रियत के नेता खुला देशद्रोह और एक शत्रु देश का प्रतिनिधित्व कर रहे हैं, वहाँ कानून अपने रास्ते क्यों नहीं चलता। तस्लीमुद्दीन और शहाबुद्दीन के लिए कानून अपने रास्ते क्यों नहीं चलता। बिहार के डाकुओं के संरक्षक के लिए कानून अपने रास्ते क्यों नहीं चलता?''

''कुछ न कुछ तो उनके लिए भी होता ही रहता है।'' मैंने उसे टाल दिया, ''वैसे भी दलाई लामा हिमाचल में हैं। वहाँ के मुख्यमन्त्री ऐसा कुछ नहीं करेंगे। और फिर ऊपर केन्द्र सरकार है।''

''केन्द्र सरकार कहेगी, भई उनके स्वास्थ्य का ध्यान रखना।'' वह बोला, मुख्य मन्त्री कहेंगे, ''रख रहा हूँ, अर्थात् उन पर इतना मानसिक दबाव बना रहा हूँ कि उनका मनोबल पूर्णतः टूट जाए और वे ध्वस्त स्वास्थ्य के कारण कुछ भी स्वीकार कर लें। श्यामाप्रसाद मुकर्जी को शेख़ अब्दुल्ला ने अपने जेल में बन्द कर मार डाला था, तो केन्द्र सरकार ने क्या किया था?''

''पर वीरभद्र ऐसा क्यों करेंगे?''

''वीरभद्र करें, यह आवश्यक नहीं है। किसी भी राज्य की पुलिस किसी भी अन्य राज्य में जाकर लोगों को बाँध लाती है, उठा लाती है।...'' उसने मेरी ओर देखा, ''उदाहरण गिनाऊँ?''

''नहीं! नहीं! कोई आवश्यकता नहीं है।'' मैंने कहा, ''लगता है कि देश पर केन्द्र का शासन नहीं है, प्रदेशों का शासन है।''

''शासन न केन्द्र का है, न मुख्य मंत्रियों का।'' वह बोला, ''शासन तो अधर्म का है। जो धर्म पर चलता है, उसे पीड़ित किया जाता है और जो धर्म की हत्या करता है, उसकी पूजा की जाती है।... इसीलिए दलाई लामा के लिए

मैं चिंतित हूँ।''

''पर कल को शंकराचार्य पर लगाया गया कोई आरोप प्रमाणित हो गया तो?'' मैंने घबरा कर पूछा, ''तुम उन्हें एकदम निर्दोष कैसे मान रहे हो?''

''बात दोषी और निर्दोष की नहीं है।'' रामलुभाया बोला, ''बात तो शासकों की नीयत की है; और विभिन्न धर्मों में भेदभाव की है।''

''क्या मतलब?''

''यदि किसी और धर्म के धर्मगुरु को इस प्रकार अपमानित किया जाता तो उस धर्म की विभिन्न पीठों से जयललिता और उन पुलिस अधिकारियों के लिए ही नहीं, मनमोहन सिंह के लिए भी, मृत्युदंड का फतवा जारी कर दिया जाता। सारे देश में उपद्रव हो जाता।...''

''यह बात तुम कैसे कह सकते हो?''

''अपने तीर्थ, रामजन्मभूमि पर से अनधिकृत कब्ज़ा हटाने के लिए जब हिन्दुओं ने एक पुराना ढाँचा तोड़ा तो चार-चार प्रदेशों की सरकारें गिरा दी गयीं और आज तक पूछताछ हो रही है। लोगों पर दोष मढ़े जा रहे हैं।''

''तो?''

''तो जब सारे संसार के सामने बामियाँ में भगवान बुद्ध की विश्वपूजित प्रतिमाएँ तोड़ दी गयीं, जो किसी से कुछ नहीं कह रही थीं – तो भी सारे संसार में कोई नहीं बोला।'' रामलुभाया बोला, ''मेरी बात को ध्यान से सुनो। आतंकवादियों को समर्थन देने के लिए लेखक, कलाकार, बुद्धिजीवी और मानवाधिकार संगठन उठ खड़े होते हैं... और तो और वीरप्पन जैसे हत्यारे, तस्कर और पापी के लिए भी मानवाधिकार संगठन आ खड़े होते हैं; किन्तु बुद्ध के लिए कोई नहीं, शंकराचार्य के लिए कोई नहीं। इसीलिए मैं दलाई लामा के स्वास्थ्य और सुरक्षा के लिए चिंतित हूँ।''

मुझे लगा कि उसकी चिन्ता मेरे मन में भी घर कर गयी है।

(29.11.2004)

तिब्बत और हम

मनमोहन सिंह परेशान थे, क्या करें, क्या न करें। तिब्बती उग्र हो रहे थे और भारत में ही नहीं संसार भर में उनके प्रति सहानुभूति बढ़ रही थी। और कुछ नहीं तो ऑलंपिक मशाल का ही बहिष्कार हो रहा था। उनकी समझ में ही नहीं आ रहा है कि इन अनपढ़ भारतीयों का तिब्बत से क्या सम्बन्ध है। ये क्यों इतने परेशान हैं। मनमोहन सिंह को तो बस एक दिल्ली की चिन्ता है। 10 जनपथ दिल्ली में ही है न। या फिर पंजाब की। राज ठाकरे को महाराष्ट्र की चिन्ता है तो मनमोहन सिंह को पंजाब की क्यों न हो। उन्हें आसाम की भी थोड़ी-बहुत चिन्ता है और वहाँ घुस आये बांगलादेशियों की भी। वहाँ से उन्हें राज्यसभा में प्रवेश का टिकट जो मिलता है, जो प्रधानमन्त्री बनने के लिए आवश्यक है। शेष भारत का क्या है। चीन ले जाए या पाकिस्तान ले जाए, या कोई और... वहाँ तक, जहाँ तक मैडम रुष्ट न हों।

"मैडम, ये तिब्बती बहुत परेशान कर रहे हैं।" मनमोहन सिंह ने कहा, "इन्हें निकाल फेंकें? चीन सरकार प्रसन्न हो जाएगी।"

"बांगलादेशियों को तो आप निकाल नहीं सके, तिब्बतियों को कैसे निक. ालेंगे? चीन सरकार प्रसन्न हो जाएगी तो आपके वोट बढ़ जाएँगे क्या?"

"वोटों का ही तो झगड़ा है।" मनमोहन सिंह चिंतित हो गये, "बांगलादेशियों को निकालो, तो भी हमारे ही वोट जाते हैं। बी.जे.पी. को तो लाभ ही होगा।"

"बी. जे. पी. में से हम क्या 'जे. पी.' को निकलवा नहीं सकते? उससे लोगों को भ्रम होता है कि यह जयप्रकाश नारायण की पार्टी है।"

"यह हम कैसे कर सकते हैं मैडम? वह उनकी पार्टी है। वे जो नाम चाहें, रखें।"

"हम चुनाव आयोग से शिकायत कर सकते हैं कि वे लोग इस नाम का अनुचित लाभ उठा रहे हैं। यह धोखा-धड़ी है। लोगों को बहकाना, चुनाव की आचार संहिता का उल्लंघन है।"

"समय आने पर वह भी कहेंगे, पर अभी तो तिब्बतियों का मामला है। उनका समर्थन नहीं करते तो भारतीय रुष्ट होते हैं और करते हैं तो चीन रुष्ट होता है।"

"तिब्बतियों का समर्थन तो हम कर ही रहे हैं।" मैडम ने कहा, "उन्हें भारत में रहने को स्थान दे रखा है। धर्मशाला तो धर्मशाला, दिल्ली में भी मजनूं का टीला दे रखा है। और क्या समर्थन करें? क्या सेना भेज कर हम चीनियों से तिब्बत खाली कराएँ? हम जिनसे नेफा खाली नहीं करा सके, उनसे तिब्बत कैसे खाली कराएँ?"

"पर नेफा तो हम तब खाली कराएँगे न, जब हमको घास की आवश्यकता होगी।"

"क्यों?"

"जब चीनियों ने नेफा पर कब्जा किया था तो आपकी सासु माँ के पिता जी ने यह कह कर नेफा उन्हें दान कर दिया था कि ले जाओ, वहाँ तो घास का एक तिनका भी नहीं उगता। जहाँ तक मेरी जानकारी है, वहाँ अब भी घास का तिनका नहीं उगता और हम घोड़े पालते भी नहीं हैं; तो क्या करना है, उसे लेकर।"

"हि वास वेरी क्लेवर फैलो।" मैडम प्रसन्न हो गयीं, "उन्होंने तिब्बत चीन को दिया था तो क्या कहा था? दैट मस्ट बी वेरी इंट्रेस्टिंग।"

"मैं उनके पास तो नहीं था," मनमोहन सिंह बोले, "पर कल्पना कर सकता हूँ कि उन्होंने कहा होगा, 'ले लो उस बर्फ के गोले को। हमें क्या करना है उसका?'"

"तो चीन को ही क्या करना है?" मैडम ने पूछा, "उनके यहाँ अपनी बर्फ की कमी है क्या?"

"नहीं। बात यह है कि हिन्दू मानते हैं कि कैलाश-मानसरोवर उनके लिए पवित्र स्थल है। तिब्बत को वे मुकुट मानते हैं भारत का। नेहरू जी को हिन्दुओं की ऐसी आस्थाएँ नहीं भाती थीं। उन्होंने उन सब से छुटकारा पाने के लिए, तिब्बत ही उठा कर चीन को दे दिया। न रहेगा बांस, न बजेगी बांसुरी। न कैलाश-मानसरोवर होगा, न हिन्दू वहाँ जाएँगे। वैसे भी तिब्बत जैसे देश का, जिसके पास अपनी सेना न हो, अपने शस्त्र न हों, स्वतन्त्र रह पाना कठिन ही है। चीन न लेता, पाकिस्तान ले जाता।"

"यदि यही बात थी तो भारत भी तो उसको ले सकता था।" मैडम ने कहा।

"पंडित जी महान् दाता थे। दानवीर कर्ण के बाद वे ही तो थे। उन्होंने

जीवन भर दिया ही दिया था। कहते हैं कि नेताजी सुभाषचन्द्र बोस भी किसी को दे दिए। आज तक पता ही नहीं चला कि किसको दिए।'' मनमोहन सिंह ने कहा, "पंडित जी बड़े न्यायप्रिय थे और बाँट कर खाने में विश्वास रखते थे। जब हमारी सेना कश्मीर में आगे बढ़ रही थी और पाकिस्तानी लुटेरे दुम दबा कर भाग रहे थे, तब उन्होंने अपनी सेना को रोक लिया। कहा, अपने लिए बहुत हो गया। अब शेष का पाकिस्तान को ले लेने दो। थोड़ा कश्मीर उनके पास भी होना चाहिए, नहीं तो बेचारे गर्मी की छुट्टियों में कहाँ जाएँगे।''

"पर तिब्बत ऐसे ही तो चीन को नहीं दे दिया.पंडित जी ने।'' मैडम ने कहा, "वहाँ तो लेन-देन हुआ था।''

"नहीं मैडम। कैसी बात कर रही हैं आप। पंडित जी रिश्वत नहीं लेते थे।'' मनमोहन सिंह कुछ झेंप गये, ''उन्होंने जीवन भर कभी किसी से कुछ नहीं लिया।''

"आप बहुत भोले हैं मनमोहन सिंह जी।'' मैडम हँसीं, "पंडित जी बहुत मानवतावादी थे। उन्हें मनुष्यों से प्यार था। उन्होंने पाकिस्तान के सारे हिन्दू ले लिए और धरती पाकिस्तान को दे दी। वैसे ही दलाई लामा और उनके अनुयायी तिब्बती ले लिए और तिब्बत चीन को दे दिया। उसी परम्परा में अब फिर भारत ने कश्मीर के सारे हिन्दुओं को ले लिया है और कश्मीर पाकिस्तान के प्रतिनिधियों को सौंप दिया है। बस औपचारिक हैंडओवर ही तो बाकी है।''

"तो मैडम, अपनी नीति तो एकदम साफ है, मानसरोवर के जल के समान।'' मनमोहन सिंह प्रसन्न हो गये।

"क्या?'' मैडम चकित थीं।

"हम चीन से कह सकते हैं कि तिब्बत में स्वतन्त्रता के लिए संघर्ष करने वाले तिब्बती हमें सौंप दो और तिब्बत तुम रख लो। यदि दलाई लामा के नेतृत्व में धर्मशाला से कोई विरोध होता है तो तुम धर्मशाला भी ले लो। दलाईलामा तथा उनके साथियों को हम किसी और धर्मशाला में बसा देंगे। पर इन हिन्दुओं का क्या करें, जो तिब्बत की स्वतन्त्रता का समर्थन के लिए उपद्रव कर रहे हैं?''

"उनसे कहो कि पहले वे अपनी स्वतन्त्रता बचा लें, फिर तिब्बत की सोचें। ऐसा न हो कि हम बदरीनात्थ, केदारनाथ का सौदा भी चीन से कर लें और पंडित नेहरू के समान रोते हुए एक वक्तव्य दूरदर्शन पर दे दें कि 'हमें खेद है कि हम आसाम को नहीं बचा सके।"

पहचान-पत्र

मैं पेंशन लेने के लिए अपने कॉलेज पहुँचा तो लेखाधिकारी ने मेरे सामने एक छपा हुआ फार्म रख दिया।

"यह क्या है?" मैंने पूछा।

"प्रमाणपत्र।"

"किस बात का?"

"आपके जीवित होने का।" वह हँसा, "पेंशन जीवन-पर्यन्त ही मिलती है। इसलिए जीवित होने का प्रमाणपत्र देना पड़ता है।"

"तुम्हारे सामने खड़ा तो हूँ।" मैंने कहा, "मुझे नहीं पहचानते?"

"मैं तो पहचानता हूँ।" वह बोला, "किन्तु फाइल नहीं पहचानती और आपको पेंशन मैं नहीं देता, फाइल ही देती है।" "अरे रामलुभाया!" मैंने कुछ मैत्रीपूर्ण ढंग से कहा, "जिस दिन प्रस्थान कर जाऊँगा, अपने-आप ही हमारे मुहल्ले से समाचार आ जाएगा। सम्भव है कि तुम्हें मेरे अन्तिम संस्कार में सम्मिलित होने के लिए श्मशान तक भी जाना पड़े। ऐसी बातें कोई छुपती थोड़ी हैं।" मेरा स्वर कुछ विनोदी हो गया, "तुम न भी आना चाहोगे तो मेरे मित्र तुम्हें फोन कर कर के आने को बाध्य कर देंगे।"

"वह सब तो ठीक है डॉ. साहब..."

मैंने उसकी पूरी बात नहीं सुनी। बोला, "फिर यह मत समझना कि कोई मुझे जानता नहीं। मरूँगा तो नगर के समाचारपत्र तो समाचार छापेंगे ही। अपने यहाँ जीने का समाचार छपे न छपे, मरने का समाचार छपता ही है।..."

और सहसा मुझे स्मरण हो आया कि कल के समाचारपत्र में मेरा एक साक्षात्कार छपा है। वह कागज मेरे झोले में इस समय भी था। मैं अवसर चूकना नहीं चाहता था। कागज निकाल कर उसके सामने रख दिया।

"यह देखो, क्या छपा है। यह श्रद्धांजलि नहीं है। जीवित व्यक्ति से

बातचीत है।''

"यह सब तो ठीक है; किन्तु फाइल के लिए वह फार्म आवश्यक है। नहीं तो अगले महीने से पैंशन नहीं मिलेगी।''

"लाओ, भर देता हूँ। अपने हाथ से लिख देता हूँ कि मैं जीवित हूँ।'' मैं हँसा, ''मृत व्यक्ति तो वैसे भी फार्म नहीं भर सकता।''

"आपका अपना लिखा नहीं चलेगा।'' वह बोला, "कोई और प्रमाणित करे कि उसने आपको जीवित देखा है।''

"तो तुम लिख दो। तुमने तो मुझे जीवित देखा ही है।''

"हम तो इन आलेखों के संरक्षक हैं, इसलिए हम नहीं लिख सकते। हम लिख दें तो माना जाएगा कि हम कोई हेराफेरी कर रहे हैं।''

"चलो, प्रिंसिपल से लिखवा देता हूँ।''

"वे भी नहीं कर सकते। वे तो इस कार्यालय के अधिकारी हैं।''

"अपने किसी सहयोगी से लिखवा देता हूँ।''

"नहीं...''

मुझे क्रोध आ गया, "तो फिर कौन कर सकता है?"

"किसी सरकारी अधिकारी से करवा दीजिए, जिसके पास अपने पद की मुहर हो। रबर स्टैंप समझते हैं न।''

"मैं ऐसे किसी सरकारी अधिकारी को नहीं जानता।''

"तो फिर किसी डॉक्टर से लिखवा दीजिए। उसके पास भी रबर स्टैंप होती है।'' वह हँसा, "अब यह मत कहिएगा कि इस अवस्था में भी आपको कोई रोग नहीं है, इसलिए आपको किसी डॉक्टर के पास जाना नहीं पड़ता।''

मैं फार्म उठा कर घर ले आया।

अगले दिन गली के नुक्कड़ की दुकान पर बैठे डॉक्टर के पास गया। फार्म भर दिया था। उससे प्रार्थना की कि वह अपने हस्ताक्षर कर मुहर लगा दे। उस भले आदमी ने चुपचाप वैसा कर दिया और कोई फीस भी नहीं माँगी।

मैं उसका धन्यवाद कर चला आया।

कॉलेज में रामलुभाया को फार्म सौंपा तो वह सन्तुष्ट दिखा, "अब ठीक है।''

"तुम इस डॉक्टर को जानते हो?''

"नहीं।"

"वह मुझे नहीं जानता। मैं भी उसे नहीं जानता।" मैंने उसे बताया।

"कोई बात नहीं।" उसने कहा।

"तुम मुझे तीस वर्षों से जानते हो, पर मेरा विश्वास नहीं करते, उस अपरिचित डॉक्टर का करते हो।"

"बात मेरी नहीं है, फाइल की है।" उसने निस्संकोच कहा।

"फाइल उसको पहचानती है?" मुझसे पूछे बिना नहीं रहा गया।

"फाइल केवल रबर की स्टैंप को पहचानती है।" वह बोला, "और आपकी पेंशन के लिए फाइल द्वारा आपका पहचाना जाना आवश्यक है।"

"यह देश ऐसे ही चलता है क्या।" मैं रुष्ट था।

"यह देश भी ऐसे ही चलता है और इसकी सरकार भी।" उसने कहा और हँस पड़ा।

(25.5.2008)

महबूबा का पर्यावरण-प्रेम

रामलुभाया, महबूबा मुफ्ती का साक्षात्कार लेने के लिए श्रीनगर जा पहुँचा।

"आपने मुझे ही इंटरव्यू के लिए क्यों चुना?" पहला प्रश्न महबूबा ने ही किया।

"आपके समान सौभाग्यशालिनी महिला भारत में दूसरी कोई नहीं है।"

"यह आप कैसे कह सकते हैं?" महबूबा ने आपत्ति की, "मैं तो अभी प्रधानमन्त्री भी नहीं बनी और इन्दिरा गाँधी प्रधानमन्त्री थीं, प्रतिभा पाटिल राष्ट्रपति हैं, सोनिया गाँधी राजमाता हैं...। मैं उन लोगों से अधिक भाग्यशाली तो नहीं हूँ।"

"वह सब ठीक है।" रामलुभाया ने कहा, "किन्तु आप पर कितने-कितने आतंकवादी आक्रमण हुए और आपका बाल भी बाँका नहीं हुआ। इन्दिरा गाँधी का क्या है, एक ही आक्रमण में स्वर्ग सिधार गयीं।"

"आप ठीक कह रहे हैं।" महबूबा बहुत मधुर ढंग से मुस्कराई, "इन्दिरा गाँधी पर आक्रमण उनके अपने अंगरक्षकों ने किया, तो वे मारी गयीं। मेरे समान स्वयं योजना बना कर आक्रमण करवातीं तो घायल भी न होतीं और उनके वे अंगरक्षक भी मारे जाते।"

"सब लोग तो आपके समान चतुर नहीं होते न।"

"तभी तो एक गोली भी झेल नहीं पाते।" महबूबा परम प्रसन्न थी, "हमारे परिवार में तो यह परम्परा ही है। मेरे पिता देश के गृहमन्त्री थे, तो मेरी बहन को पड़ोस की मसजिद में बैठा कर उसके अपहरण की घोषणा करवा दी। बस, बड़ी सरलता से जिस-जिस आतंकवादी को छोड़ना था, उसे छोड़ दिया। अब वे पाकिस्तानी करंसी कश्मीर में चलवाना चाहते हैं।"

"पर वे ऐसा क्यों करना चाहते हैं?"

"जो पैसा पाकिस्तान से मिला है, उसे खर्च करने के लिए हम कराची या लाहौर तो नहीं जा सकते न। यहाँ ही चलने लगे तो हमें ही नहीं, बहुत सारे कश्मीरी नेताओं को सुविधा हो जाएगी।" सहसा उसने विषय बदला, "वह सब छोड़िए, यह बताइए कि आपका आना कैसे हुआ।"

"फिर ग्रीष्म ऋतु आयी है।" रामलुभाया ने कहा, "फिर डंका बजा है। फिर बाबा अमरनाथ के दर्शन के लिए, भक्तों ने यात्रा की तैयारी की है।"

"मुझे यह सब पसन्द नहीं है।" महबूबा ने कहा, "मैं पर्यावरण से बहुत प्यार करती हूँ और कश्मीर के पर्यावरण के लिए तो मैं अपनी जान भी दे सकती हूँ।"

"यह तो अच्छी बात है।" रामलुभाया ने कहा।

"पर वे लोग तो अमरनाथ के दर्शन करने आते हैं, उनके लिए मार्ग में स्थान-स्थान पर शिविर लगाने पड़ते हैं, उससे कश्मीर का पर्यावरण दूषित ही नहीं, प्रदूषित होता है।"

"और मैं सोचता हूँ कि आपके हिन्दू-द्वेष, आपके पिता मुफ्ती के पाकिस्तान-प्रेम, गिलानी के देशद्रोह ने कश्मीर की वायु में इतना विष घोला है कि यहाँ कोई हिन्दू साँस भी नहीं ले सकता। जीवित रहने के लिए उन कश्मीरी हिन्दुओं ने अपने श्रीनगर के बंगलों के बदले, दिल्ली के फुटपाथ पसन्द किए हैं।"

"हम तो उन्हें बुला रहे हैं, पर वे आते ही नहीं हैं।"

"आप उनकी सम्पत्ति की वापसी, उनके प्राणों की रक्षा और उनकी स्त्रियों के सम्मान की रक्षा का आश्वासन दे सकती हैं?" रामलुभाया ने बहुत साहस किया।

"उसमें तो कोई कठिनाई ही नहीं है।" महबूबा हँस रही थी, "वे मूर्ख इस समस्या का सरल सा समाधान नहीं समझ पा रहे हैं।

"अच्छा, आपके पास इसका कोई समाधान है?" रामलुभाया प्रसन्न हो गया।

"क्यों नहीं।"

"आपने बताया नहीं।"

"बताया नहीं, पर समझाया तो है। वे समझे ही नहीं। उठकर चल दिए।"

"क्या समाधान है?" रामलुभाया ने पूछा।

"बस कलमा पढ़ लें।" वह बोली, "देखिए, इतने लोग हज के लिए जाते हैं। पर किसी ने आज तक कहा कि उतने लोगों के एक साथ एक स्थान पर इकट्ठे होने से किसी प्रकार का कोई प्रदूषण होता है?"

"नहीं। किसी ने नहीं कहा।"

"तो मेरी बात की सच्चाई प्रमाणित हो गयी न?"

"कश्मीर में मुसलमान सुरक्षित हैं?''

"आपकी फौज खड़ी है। सुरक्षित ही हैं।'' महबूबा ने कहा, ''बस कभी-कभी किसी मुजाहिद का मन कर आता है, तो वह अपनी पसन्द की लड़की के साथ कुछ देर रह लेता है। कभी कोई अच्छा न लगा, तो उसे गोली मार देता है। बाकी सब तो अमन अमान ही है।''

"भारतीय फौज हट जाए तो कश्मीर की क्या स्थिति होगी?''

"वही जो अफगानिस्तान की है। आखिर वहाँ भी तो किसी समय उन्नत सभ्यता और संस्कृति थी। वही कश्मीर का होगा। लोग कबीलों में रहेंगे और ठायं-ठायं करते रहेंगे। न पाकिस्तान उन्हें रोक पाएगा, न चीन।'' वह हँसी, "इसी लिए हम चाहते हैं कि हिन्दुस्तानी फौज यहाँ रहे, पर हमारे कहने में रहे। हमें भारत का अंग न माना जाए, पर सारे भारत में हमें भारतीय नागरिक के अधिकार मिले रहें। हम भारत को कोई टैक्स न दें, पर भारत से हमें पैसा मिलता रहे। हम भारत को गालियाँ देते रहें और भारत मुस्कराता रहे...।

"अच्छा चलता हूँ।'' रामलुभाया उठ खड़ा हुआ।

"आपको शायद बुरा लगा, पर कोई बात नहीं। चलते चलते यह भी सुनते जाइए।'' महबूबा ने कहा, ''आपकी सरकार भी एकदम यही चाहती है।''

रालुभाया को लगा, उसके कान के नीचे तोप का गोला फटा है। पर मर ही मन वह जानता था कि महबूबा सत्य कह रही थी...

(13.6.2008)

लड़ाई

रात भर उनके कमरे से भयंकर आवाज़ें आती रहीं। समझ में नहीं आ रहा था कि हो क्या रहा है। ऐसा लगता था कि उस प्रेमी युगल के मध्य कुछ बहुत ही असाधारण घटित हो रहा था। उसे लड़ाई कहना, लड़ाई का अपमान करना था। वह उससे कुछ बहुत बड़ी घटना थी। भूचाल या बवंडर। कोई प्राकृतिक आपदा। कमरे में भयंकर उत्पात हो रहा था। पति पत्नी में तो परस्पर झगड़ा होता ही है। संसार के प्रत्येक देश में होता है, प्रत्येक समाज में होता है; किन्तु इस प्रकार से महायुद्ध तो नहीं होता। किसी का बन्द कमरा इस प्रकार चीत्कार तो नहीं करता। कोई किसी के प्राण तो नहीं ले लेता। इस प्रकार की चीख-चिल्लाहट... त्राहि त्राहि... लगता था कि दोनों में से या तो किसी के प्राण निकल जाएँगे या फिर हड्डियों का सुरमा बन जाएगा।...

मैं सारी रात उद्विग्न रहा। नींद मेरी आँखों से कोसों दूर रही। पड़ोस में ऐसी आपदा आयी हो तो कोई सोने की बात सोच भी कैसे सकता है...

प्रातः जब भोलाराम मुझे दिखाई दिया तो मैं पूछे बिना नहीं रह सका।

''रात को तुम्हारे घर में क्या हो रहा था?''

''कुछ भी तो नहीं।'' वह साफ मुकर गया।

''कुछ नहीं हो रहा था?'' मैंने डपट कर पूछा,''तो इतनी प्रकार की आवाज़ें कैसे आ रही थीं?''

''आवाज़ें! हाँ! आवाज़ें तो आ ही रही होंगी।''

''तुम दोनों में लड़ाई हो रही थी क्या?''

''लड़ाई? नहीं तो!'' उसने बहुत आश्वस्त स्वर में कहा, ''हम दोनों में कभी लड़ाई नहीं होती।''

''लड़ाई नहीं होती?'' मैंने उसे घूर कर देखा, ''मैंने अपने कानों से सुना है।''

''क्या सुना है?''

उसका स्वर इतना शान्त था और उसका चेहरा इतना आश्वस्त था कि मैं सहम गया : कहीं मेरा अनुमान और मेरे निष्कर्ष ही तो गलत नहीं थे?

''मैंने तुम्हारी पिटाई के स्वर सुने हैं।'' मुझे बाध्य होकर वह कहना पड़ा, जो मैं कहना नहीं चाहता था, ''तुम्हारी पत्नी तुम्हें पीट रही थी।''

वह अब भी खड़ा मुस्करा रहा था।

''क्यों झूठ कह रहा हूँ मैं?''

''नहीं! आप झूठ नहीं कह रहे।'' उसने पूर्ण शान्ति से स्वीकार कर लिया।

मेरा साहस बढ़ गया। अब मैं उसे कुछ भी कह सकता था।

''मैंने स्वयं तुम्हारे कराहने का स्वर सुना है। तुम्हारी पत्नी को दहाड़ते सुना है।''

''तो मैं कब अस्वीकार कर रहा हूँ।'' उसने कहा, ''मैं तो केवल इतना कह रहा हूँ कि हममें लड़ाई नहीं होती।''

''तुम पिट रहे हो।'' मैंने कहा, ''वह पीट रही है और उस पर भी तुम इतनी निर्लज्जता से कहे जा रहे हो कि तुम लोगों में लड़ाई नहीं होती। तुम मुझे पागल कर दोगे।''

वह हँसा, ''दोनों ही बातें सत्य हैं। आप मेरे घर की जो ध्वनियाँ सुनते हैं, वे भी सत्य हैं; और मेरा जो वक्तव्य है, वह भी सत्य है।''

मुझे क्रोध आ गया, ''तुम दूसरों को एकदम पागल समझते हो क्या। प्रतिदिन पिटते भी हो और कहते हो कि तुम दोनों में लड़ाई भी नहीं होती। बिना लड़ाई के भी कहीं मार पिटाई होती है क्या?''

वह पुनः हँस पड़ा, ''वह पीटती है और मैं पिटता हूँ, यह तो सत्य है। पर लड़ाई तो तब मानी जाएगी न, जब मैं भी हाथ उठाऊँगा। पिटने और लड़ने में अन्तर होता है। पिटाई और लड़ाई एक चीज़ नहीं है।''

मैं फटी आँखों से उसे देखता रहा। कितना बड़ा सत्य कह गया वह। मैं आज तक इस सत्य को समझ क्यों नहीं पाया! भारत और पाकिस्तान में लड़ाई कहाँ है? भारत पिटता तो है किन्तु लड़ता कहाँ है? बिना लड़े आधे से अधिक कश्मीर दे दिया। तब से आज तक वे हमारी सीमाओं में घुसने का प्रयत्न करते रहे – प्रत्यक्ष और परोक्ष रूप में। हमने एक बार भी सीमा पार करने का प्रयत्न नहीं किया। वे हमारी सीमाओं को, सीमाओं पर बसे लोगों को, पीटते रहे और हमारी सीमाएँ तथा लोग पिटते रहे। हम लाहौर तक पहुँचे भी, पर आँख खुलते ही लौट आये; जैसे कोई मछुआरा, भूल से अपने देश की अनिर्दिष्ट जल-सीमा पार कर जाए और उस तथ्य का आभास होते ही वापस अपने देश में लौट आये।

उनके आतंकी, हमारे सारे देश में उत्पात मचा रहे हैं। इस आतंकी जेहाद में सहस्रों भारतीय मारे गये हैं; किन्तु हमने हाथ नहीं उठाया। बदले में एक भी पाकिस्तानी नहीं मारा। यह लड़ाई कहाँ है? भोलाराम ठीक कहता है , यह पिटना है। लड़ाई तो उस दिन होगी, जिस दिन हम हाथ उठाएँगे।

(6.5.2006)

सड़ा हुआ गेहूँ

रामलुभाया काफी परेशान था।

उससे रहा नहीं गया तो बोला, "तुम मुझे बताओगे भोलाराम, कि हमारी सरकार, सड़ा हुआ गेहूँ भी गरीबों को निःशुल्क क्यों नहीं दे सकती?"

भोलाराम मुस्कराया, "क्या तुम सचमुच नहीं जानते?"

"नहीं।"

"क्योंकि सड़ा हुआ गेहूँ ताजा गेहूँ से अधिक मूल्यवान होता है।" भोलाराम बोला, "हमारी सरकार गेहूँ सड़ा नहीं रही है, वह उसे मूल्यवान बना रही है।"

"क्या मूर्खता की बात है।" रामलुभाया झपट कर बोला, "अच्छे गेहूँ से सड़ा हुआ गेहूँ अधिक मूल्यवान कैसे हो सकता है? यदि ऐसा होता तो प्रत्येक किसान अपना गेहूँ सायास सड़ा रहा होता, ताकि उसे अधिक मूल्य मिल सके।"

"किन्तु हमारी सरकार वही कर रही है।" भोलाराम बोला।

"पर क्यों महँगा होता है, सड़ा हुआ गेहूँ?"

"क्योंकि उससे मदिरा बनती है।" भोलाराम बोला, "अब तुम बताओ कि गेहूँ महँगा है या शराब?"

"महँगी तो शराब ही है; किन्तु कोई सरकार अपने देशवासियों को शराब क्यों पिलाएगी?" रामलुभाया बोला, "और फिर महात्मा गाँधी ने भी तो कहा था कि मदिरा हमारे शरीर और आत्मा, दोनों को नष्ट कर देती है।"

"हाँ, किन्तु उन्होंने यह बात तब कही थी, जब कांग्रेस की सरकार नहीं थी। तब उनके पास मनमोहन सिंह जैसे प्रतिभाशाली अर्थशास्त्री भी नहीं थे।" भोलाराम बोला, "तुम ही बताओ कि सत्ता की भूखी सरकार अपनी भूखी जनता का पेट भरना चाहेगी या उसे शराब पिला कर बेहोश करना चाहेगी?"

"हाँ, यह बात तो विचारणीय है।" रामलुभाया ने कहा, "पेट भर जाए तो जनता सरकार की बात नहीं मानती है। नशे में हो तो सरकार की ही मानती है।"

रामलुभाया तो सहमत हो गया; किन्तु उसकी अंतरात्मा अब भी नहीं मान रही थी, "मुझे भारतीय खाद्यान्न निगम का एक कर्मचारी मिला था, वह कह रहा था कि गेहूँ सड़ा ही नहीं था। यह तो बस एक विराट कुप्रचार मात्र है।"
"गेहूँ सड़ा नहीं था तो देश का सारा संचारतन्त्र क्यों गला फाड़ कर चिल्ला

रहा था?'' भोलाराम ने प्रतिवाद किया, "सरकार ने यह तो कहा कि वह सड़ा हुआ गेहूँ निर्धन लोगों को निःशुल्क नहीं दे सकती; किन्तु यह एक बार भी नहीं कहा कि गेहूँ सड़ा ही नहीं है, तो वह निःशुल्क वितरण क्यों करे? सरकार इतना बड़ा झूठा कलंक क्यों झेल जाएगी?''

"वह कह रहा था...''

"वह कौन?'' भोलाराम ने पुनः टोक दिया।

"खाद्य निगम का वह कर्मचारी।'' रामलुभाया बोला, "वह कह रहा था कि यह भी अमरीका के संकेत पर हो रहा था। अमरीका नहीं चाहता कि हमारे पास अन्न का इतना बड़ा भंडार रहे कि हम प्राकृतिक संकटों को झेल जाएँ। इसलिए वह प्रचार कर रहा है कि भारतीय खाद्य निगम के पास अन्न भंडारन के उचित साधन नहीं हैं। वह अन्न को सड़ा रहा है। इस प्रचार के पश्चात् भारत सरकार अन्न का वह भंडार इस तर्क से बेच देगी कि जब हम अन्न की रक्षा ही नहीं कर सकते तो हम उसका भंडारन क्यों करें। परिणाम यह होगा कि जब कभी हम संकट में होंगे, अमरीका से सहायता माँगेंगे और वह अपनी शर्तों पर सहायता करेगा। हम एक प्रकार से उसके अधीन होते जाएँगे। अमरीका नहीं चाहता कि आत्मरक्षा का कोई भी साधन हमारे पास रहे।''

"तो भारत सरकार क्यों चाहेगी कि हम अमरीका के अधीन जाएँ?'' भोलाराम ने पूछा।

"भारत सरकार का अर्थ क्या?''

"वे लोग, जिन्हें हमने सत्ता सौंप रखी है।''

"वे लोग।'' रामलुभाया हँसा, "लोग ही तो हैं। अमरीका सरकार को खरीद सकता है, तो लोगों को नहीं खरीद सकता क्या? तुम्हें क्या कभी भी नहीं लगा कि हमारे प्रधानमन्त्री पाश्चात्य शक्तियों के भक्त हैं?''

"प्रतिदिन यही लगता है। कभी लगता है कि उनकी जिह्वा से अमरीका का पैसा बोल रहा है, कभी इंग्लैंड का और कभी पाकिस्तान का।'' भोलाराम बोला, "कभी ऐसा लगा ही नहीं कि उनकी जिह्वा से एक स्वतन्त्र और स्वाभिमानी राष्ट्र बोल रहा है।''

"जब प्रधानमन्त्री की यह स्थिति है, तो शेष मन्त्री क्या करेंगे?'' रामलुभाया ने जैसे अपने-आप से कहा।

"शेष मन्त्री प्रधानमन्त्री बनने का प्रयत्न करेंगे।'' भोलाराम उच्च स्वर में हँसा।

(30.12.2010

अनागत

सन् 2000 में फरवरी महीने की एक सुहानी सुबह!

राजधानी की पार्लियामेंट स्ट्रीट पर से एक जुलूस गुजर रहा है। सड़क पूरी तरह से भीड़-भड़क्के में खो गयी है। दूर-दूर तक सिर ही सिर नजर आ रहे हैं, जैसे हरी-भरी फसल पर टिड्डी-दल उतर आया हो।

यह जुलूस कोई बड़ी विचित्र-सी चीज है। दूर से कभी तो वह एक बहुत बड़े स्टैथेस्कोप-सा लगता है, कभी इंजेक्शन की सिरिंज-सा, कभी हाजमे की दवाई की आठ खुराकोंवाली बड़ी शीशी-सा। उसके पास से टिंक्चर आयोडीन और स्पिरिट की मिली-जुली गन्ध आ रही है। जुलूस की मिली-जुली आवाजें ऐसी लगती हैं, जैसे फटती हुई पट्टियाँ कराह रही हों या सिरिंज में से सीत्कार करती हुई दवा निकल रही हो।

जूलूस के पास सारा आवश्यक साजो-सामान है। उन्होंने झंडे उठाये हुए हैं जिन पर रेड क्रास बना हुआ है। बड़े-बड़े वस्त्र-पट हैं, जिन पर नारे लिखे हुए हैं।

वे ही नारे जोर-जोर से बोले जा रहे हैं।

"ऐसी सरकार..." एक आदमी चिल्लाता है।

"नाश हो।" शेष सब लोग, बूढ़ी औरतों के समान हाथ हिला-हिलाकर कोसते हैं।

"पेट भरने को दो..." नेता फिल्मी अन्दाज में पेट पर हाथ मारता है।

"रोटियाँ ऽऽऽ।" टिड्डियाँ पीछे-पीछे टर्राती हैं।

"हम नहीं खायेंगे।" पहला व्यक्ति सिर मारता है।

"विटामिन की गोलियाँ ऽऽऽ।" टिड्डियाँ कहती हैं।

संसद भवन के सामने पहुँचकर जुलूस में कुछ विशेष हलचल होती है, जैसे किसी ने कौड़ियों को मुट्ठी में अच्छी तरह फेंटकर उछाल दिया हो। जुलूस एक सभा का रूप धारण कर लेता है।

सभा में भाषण आरम्भ होते हैं :

पहला भाषण

मैं पूछता हूँ, आपसे, देश से, समाज से और सरकार से। जब नौकरियाँ नहीं हैं इस देश में, तो हमारी पीठ पर डॉक्टर का ठप्पा लगाकर हमें किसी और प्रकार की मेहनत-मजदूरी करने से क्यों रोका जा रहा है। अब जब हम डॉक्टर बन ही गये हैं तो हम क्या करेंगे? हम सिवाय डॉक्टरी के और कुछ नहीं कर सकते। हमें नौकरियाँ दो, नहीं तो सरकार छोड़ दो।

दूसरा भाषण

भाइयो! मैं कहता हूँ, कोई इन कसाइयों से पूछे, जब तुम्हारे देंश से इतने मरीज ही नहीं हैं तो दुनिया-भर के मेडिकल कॉलेज क्यों खोल रखे हैं। यदि ये नये-नये मेडिकल कॉलेज इसी प्रकार खुलते रहे और इतने ही डॉक्टर प्रतिवर्ष बनते रहे तो डॉक्टर गली-गली, मुहल्ले-मुहल्ले फेरी लगाते दिखायी पड़ेंगे—'कान का इलाज करनेवाला। बुखार ठीक करनेवाला। दस्त का एक पुड़िया में इलाज करा लो ऽऽऽ।'

भाइयो! यह सब कुछ असन्तुलित राजनीति के कारण है। जो शासन देश की जनसंख्या को बढ़ने से रोकने के लिए परिवार-नियोजन का आन्दोलन इतने जोर-शोर से चला रहा है, वह डॉक्टरों की जनसंख्या बहुत अधिक बढ़ने के रोकने के लिए कोई नियोजन आरम्भ क्यों नहीं करता?

भाइयो! मेरी यह माँग है कि या तो मेडिकल कॉलेज बन्द किये जायें या फिर प्रत्येक कॉलेज से दस से अधिक डॉक्टर एक वर्ष में न निकलने दिये जायें।

तीसरा भाषण

भाइयो या डॉक्टरो! क्यों नौकरियाँ माँग किसी के गुलाम बनते हो? या मेडिकल कॉलेज बन्द करवा क्यों वहाँ के प्रोफेसरों की नौकरियाँ छीनते हो। मेरा नारा है, न नौकरी माँगो, न किसी की नौकरी छीनो।

तुम्हें रोजी चाहिए न! वह मिलेगी। बिना मेडिकल कॉलेज बन्द करवाये या बिना नौकरी किये भी मिलेगी और आज भी मिल सकती है साथियो! तुम्हारी राह में न एम्पलायमेंट एक्सचेंज बाधा है और न मेडिकल कॉलेज। तुम्हारी राह तो राजनीति ने छेक रखी है।

आज यदि राजनीति की गन्दी चालें बन्द हों और लोगों को मिलावट मिली चीजें खाने को दी जायें तो मरीज कई सौ गुना अधिक होंगे और आपको रोजी मिलेगी। मलेरिया, चेचक, हैजा इत्यादि बीमारियों के विरुद्ध अभियान बन्द किये जायें तो मरीज इतने होंगे कि आप सबका पेट भरकर भी बच जायेंगे। इसलिए व्यापारियों को खाने की चीजों में मिलावट के लिए खुली छूट दी जाये और भयंकर बीमारियों के विरुद्ध चलाये गये आन्दोलन बन्द किये जायें।

डॉ. नारंग अपने क्लिनिक के सामने खड़े अपनी दाढ़ी नोच रहे हैं।

"कोई नहीं। कोई साला नहीं।" वे गुनगुनाते हैं, "कोई आया? नहीं कोई राहरौ होगा, गुजर जायेगा। अब यहाँ कोई नहीं, कोई नहीं आयेगा।"

सामने से सहाय साहब अपनी साइकिल पर मुन्ने को सामने बैठाये हुए, सीट पर से उस पर यों झुके चले आ रहे हैं, जैसे क्रिकेट के मैदान में गेंदबाजी करनेवाले हों। "अब इसे नमस्ते भी करनी पड़ेगी।" डॉ. नारंग की आत्मा अपमान की पीड़ा से, घायल चमगादड़ के समान फड़फड़ाने लगी।

"नमस्कार सहाय साहब!" डॉ. नारंग के चेहरे पर, आस्तिक हिन्दू के बाध्य हो गोमांस खाने के बाद की प्रतिक्रिया है।

"नमस्कार!" सहाय साहब ने झूमते हुए ऊँट के समान, अफसरी अदा से सिर हिला दिया।

"सवेरे-सवेरे किधर?" डॉ. नारंग ने ट्रैफिक के सिपाही के समान जबर्दस्ती उनका मार्ग रोक लिया।

"मुन्ने को हलका-सा जुकाम है।" सहाय साहब की पवित्र आत्मा जुकाम जैसी गलीज चीज का नाम लेते ही काँप गयी, "सोचा जरा डॉक्टर को दिखा जाऊँ।"

"आइये-आइये!" डॉ. नारंग के दाँतों की चमक ने सूर्य की किरणों को धोबिया पछाड़ दिया।

"नहीं!" सहाय साहब की नाक कुछ और ऊँची हो गयी, "हम सदर तक जा रहे हैं डॉ. शर्मा के पास। सुना है वे अच्छे डॉक्टर हैं।"

डॉ. नारंग के चेहरे पर कठोरता का यवनिका-पतन हुआ, "हद करते हैं साहब आप भी। मुहल्ले का मरीज डॉ. शर्मा कैसे देखेंगे! झगड़ा हो जायेगा। इस मुहल्ले का डॉक्टर मैं हूँ। आप मेरे पेट पर लात मारकर दूसरे डॉक्टर के पास नहीं जा सकते।" सहसा ही डॉ. नारंग का चेहरा गुम हो गयी गाय का-सा दीन हो गया, "सहाय साहब! आपको अपने इस सेवक की उपेक्षा नहीं करनी चाहिए। आखिर हम भी तो यहाँ हैं। दूसरे, आपके मुहल्ले की नाक नहीं कट जायेगी?"

"नहीं साहब, नहीं!" सहाय साहब चिहुँककर बोले, "आप दवाई की शीशी के साथ एक लिफाफा तक मुफ्त नहीं देते। वैसे भी आपकी दवाई उतनी ताजा नहीं होती। और फिर जुकाम की बात है, कोई बड़ा बिल नहीं बनेगा।"

"जुकाम हो या छीक!" डॉ. नारंग बोले, "दो पैसे हम ही कमा लेंगे, तो क्या बुरा है। मैं यदि पैसा-दो पैसा ज्यादा ले भी लेता हूँ तो क्या हुआ, जनाब! खुराक पूरी नापकर देता हूँ। दूसरों के समान बेईमानी नहीं करता।"

"कुछ भी हो साहब! हम तो डॉ. शर्मा के पास ही जा रहे हैं।" और सहाय साहब ने पतलून के पहुँचे को लपेट, उस पर क्लिप लगा लिया।

"मैं कहता हूँ आप नहीं जा सकते।" डॉ. नारंग कुछ तेज आवाज में बोले। सहाय साहब का मुन्ना जोर-जोर से रोने लगा, "यह आदमी पापा को डाँट रहा है आँऽऽ। सब लोग मेरे पापा को डाँटते रहते हैं आँऽऽ।"

सहाय साहब जेब से रूमाल निकालकर मुन्ने की नाक साफ करने लगे।

उन्होंने साइकिल के पैडल पर पैर रखा और साइकिल को ठेल दिया।

डॉ. नारंग ने दौड़कर पीछे से साइकिल को पकड़कर घसीटा, "मेरे पेट पर लात मारकर कहाँ जा रहा है बे!"

डॉ. नारंग और सहाय साहब में हाथापाई होती रही और सहाय साहब का मुन्ना जोर-जोर से रोता रहा, "यह आदमी मेरे पापा को मार रहा है आँऽऽऽ।"

सहाय साहब के हाथों से साइकिल छूटकर गिर पड़ी।

डॉ. नारंग उनके मुन्ने को गोद में उठाकर अपने क्लिनिक में घुस गये "कैसे नहीं करायेगा इलाज? मैं भी देखूँगा।"

"हाय, मेरा सिर फोड़ दिया।" सहाय साहब पीछे से चिल्लाये, "खून! खून! देखो खून निकल आया।"

"अच्छा! अच्छा! तेरी भी पट्टी करता हूँ।" डॉ. नारंग चीखकर बोले। "आज का दिन अच्छा है। सवेरे-सवेरे दो-दो केस।" उनका सिर प्रसन्नता में स्प्रिंगदार गुड़िया के समान हिल रहा था।

डॉ. शर्मा ने सरसों के तेल की अच्छी तरह मालिश की और आँगन में दो ईंटें समानान्तर रखकर कसरत करने लगे।

अभी चार-पाँच दंड ही लगाये थे कि उनकी पत्नी फुँकारती हुई आ गयी, "कनौडिया तेल का डब्बा रसोई से कौन लाया?"

"मैं लाया हूँ।" डॉ. शर्मा उठकर बैठ गये।

"क्यों लाये, पकौड़े तलने हैं क्या?" उनकी पत्नी ने हाथ झटककर पूछा।

"नजर नहीं आता, मालिश की है।" डॉ. शर्मा ने डाँटा, "सुबह-सुबह झगड़ा जरूरी है क्या?"

"झगड़ा मैं करती हूँ कि तुम?" पत्नी बोली, "खरीदते वक्त तो एक किलो का डब्बा खरीदने में कष्ट होता है और मालिश करते हुए आध-आध किलो तेल औंधा देंगे। तुम डॉक्टर हो कि पहलवान?"

"बात यह है," डॉ. शर्मा अपनी पत्नी के पास आ गये, "आज डॉ. नारंग के मुहल्ले में एक केस देखने जा रहा हूँ। झगड़ा होने का अन्देशा है। अब कोई भी डॉक्टर यह बर्दाश्त नहीं करता कि दूसरे मुहल्ले का कोई डॉक्टर उसके मुहल्ले में आये। एक तो लोग बीमार ही बहुत कम पड़ते हैं। बीमार हो जायें तो डॉक्टर के पास नहीं जाते। जो लोग डॉक्टर को बुलाते हैं, वे भी दूमरे मुहल्ले का डॉक्टर बुला लें तो मुहल्ले का डॉक्टर भूखा मर जायेगा।"

"दंगा-फसाद ही करना है तो दो-चार गुंडे पाल लो।" पत्नी ने मुँह बनाया।

"ठीक कहती हो," डॉक्टर शर्मा बोले, "वह भी है ध्यान में मेरे। डॉ. नागपाल ने चार गुंडे रख भी छोड़े हैं, पर मेरी आय अभी उतनी नहीं हुई। इसलिए तब तक तो खुद ही कसरत करूँगा।"

"इससे तो पान की दुकान ही लगा लो।" पत्नी तेल का डब्बा उठा रसोई में चली गयी।

विजय बाबू दुविधा में खड़े के खड़े रह गये। जिसके पास जायें?

सामने तीन-तीन डॉक्टरों की दुकानें साथ-साथ थीं। डॉ. नागपाल, डॉ. वर्मा और डॉ. पासी—तीनों के बड़े-बड़े बोर्ड लगे हुए थे। विजय बाबू निर्णय नहीं कर पा रहे थे कि किसके पास जायें। साधारण-सी खाँसी-जुकाम की शिकायत थी। डॉ. नागपाल का नाम अधिक था। डॉ. वर्मा की डिग्रियाँ अधिक थी और डॉ. पासी की फीस सबसे कम थी। कौन-सी बड़ी बीमारी थी। कोई भी ठीक कर देगा। तो क्यों न डॉ. पासी के पास जायें, पैसे कम खर्च होंगे।

उन्हें डिग्रियों और नामों से क्या करना था? उन्हें तो अपनी तकलीफ दूर करनी थी और जहाँ से वह कम-से-कम पैसों से हो, वहीं से ठीक है।

वे डॉ. पासी की दुकान की ओर बढ़े।

तभी डॉ. नागपाल अपनी दुकान से बाहर निकले। उन्होंने विजय बाबू को देखा।

"आइये! आइये विजय बाबू!" उन्होंने आगे बढ़कर हाथ मिलाया, "कहिये, कैसे आना हुआ?"

और वे उनका हाथ पकड़े-पकड़े अपनी दुकान की ओर बढ़े।

तब तक अपनो दुकानों के भीतर बैठे हुए डॉ. वर्मा और डॉ. पासी ने भी किसी डॉक्टरी यन्त्र से या अपनी सहज व्यापार-बुद्धि से सूँघ लिया कि कोई मरीज आया है। वे दोनों भी दुकानों के दरवाजे पर खड़े हो गये।

"आइये! विजय बाबू!" हमारे यहाँ शुद्ध और सस्ती दवाइयाँ मिलती हैं।" डॉ. पासी ने हाँक मारी।

"विजय बाबू! मेरी दवाइयाँ सब विदेशी हैं।" डॉ. वर्मा बोले, "वे पहाड़गंज में बनी हुई नकली लेबलोंवाली नहीं हैं।"

उन्होंने डॉ. नागपाल पर दृष्टि पसारी।

विजय बाबू रुक गये। वे अपने निर्णय के विषय में सोच रहे थे।

"डॉक्टर साहब! मैं...।" उन्होंने डॉ. नागपाल से कुछ कहना चाहा।

"आप मेरे मरीज को जबर्दस्ती नहीं ले जा सकते डॉ. नागपाल।" डॉ. पासी लपके।

"यह धक्केशाही नहीं चलेगी।" डॉ. वर्मा झपटे।

"मुझे छोड़ो। मुझे छोड़ो।" विजय बाबू चीख रहे थे।

तब तक तीनों डॉक्टर गुत्थमगुत्था हो चुके थे और विजय बाबू को पता नहीं था कि उनके हाथ किसने पकड़ रखे हैं, उनकी टाँग उखाड़ने के फेर में कौन-सा डॉक्टर है और उनकी गर्दन किसकी उँगलियों के दबाव में चीख रही है।

उस सारे हँगामे और धक्कमपेल में वे चारों डॉ. नागपाल की दुकान के भीतर पहुँच गये थे और विजय बाबू लम्बी मेज पर लेटे हुए थे।

क्षण-भर को तीनों डॉक्टर उन्हें छोड़कर कहीं गायब हो गये।

विजय बाबू को कुछ राहत मिली। वे उठ बैठे। उन्होंने नजर घुमाकर देखा, तीनों में से एक भी डॉक्टर वहाँ नहीं था। उन्होंने दोनों बाँहों को एक-दूसरे की सहायता से दबाया। टाँगों की थोड़ी-सी मालिश की और गर्दन की स्थिति जानने के लिए उँगलियाँ वहाँ तक पहुँचायी ही थी कि तीनों डॉक्टरों एकसाथ ही अवतरित हो गये।

फिर वही धींगामस्ती आरम्भ हो गयी। कौन क्या कर रहा था—किसी को पता नहीं चला।

इंजेक्शन की सिरिंज विजय बाबू की बाँह में घुसी तो वे चीखकर उठ बैठे, पर तब तक एक कैपसूल और दो उँगलियाँ उनकी हलक तक घुसपैठ कर चुकी थी और कोई मिक्सचर की शीशी उनके नथुनों से चिपककर आधा मिक्सचर नाक में उड़ेल चुकी थी।

विजय बाबू को स्वयं पता नहीं चला कि इनमें से किसके कारण उनमें अद्‌भुत बल आ गया और वे तीनों डॉक्टरों को धक्का मारकर, उछले और दुकान से बाहर आ गये।

अगले ही क्षण, ऐन चौराहे के बीच ट्रैफिक कांस्टेबल के स्थान पर विजय बाबू खड़े थे और चीख-चीखकर कह रहे थे।

"भाइयो!

अब अन्याय और नहीं सहा जाता। संविधान में जहाँ हमें और मौलिक अधिकार दिये गये हैं, वहीं हमें अपना डॉक्टर चुनने की स्वतन्त्रता का भी अधिकार मिलना चाहिए।

मैं आज मौलिक अधिकार-सुरक्षा-संघ के निर्माण की घोषणा करता हूँ। संघ का कार्यालय मेरे घर पर ही रहेगा। आप लोग सदस्य बनकर मुझे बल दें।

हमारा कार्यक्रम आज से ही आरम्भ होता है। हम डॉक्टरों द्वारा अपने मौलिक अधिकारों के भंग के विरुद्ध संसद भवन के सामने प्रदर्शन करेंगे।

रोगी एकता—जिन्दाबाद!"

दिल्ली-पुलिस के महानिदेशक के कार्यालय में बहुत भीड़ थी। पुलिस की विभिन्न शाखाओं के सभी ऊँचे अधिकारी उपस्थित थे। एक विचित्र-सी गम्भीरता वहाँ छायी हुई थी, जैसे इंटरव्यू के लिए बुलाये गये नौकरी के प्रत्याशी-समूह पर छायी होती है।

महानिदेशक कमरे में आये तो सब लोग चुपचाप उठ खड़े हुए और उनके संकेत पर वैसे ही चुपचाप बैठ गये।

महानिदेशक ने किसी प्रकार की भूमिका के बिना ही कहना आरम्भ किया, "आप जानते हैं कि हमारे नगर की स्थिति बहुत भयंकर हो उठी है। देश की राजधानी होने के कारण हमारा उत्तरदायित्व अन्य नगरों की पुलिस से अधिक है।

"इस समय स्थिति अत्यन्त विकट है। पिछले दिनों विभिन्न स्थानों पर कुछ ऐसी घटनाएँ हुई हैं, और उन घटनाओं की संख्या बढ़ती ही जा रही है, जिससे गृहमन्त्री तक चिन्तित हो गये हैं।

"पिछले सप्ताह पथराव की घटनाएँ बहुत बढ़ गयी हैं। कोई दिन ऐसा नहीं जाता, जब नगर के विभिन्न भागों में आधे दर्जन स्थानों पर पथराव की घटनाएँ न हों। पथराव की घटनाएँ पहले भी होती थीं, पर तब बात और थी। कहीं प्रदर्शन हो, जुलूस निकले, सभा हो—उसमें गड़बड़ होती थी और भीड़ पथराव करती थी। पर अब अकारण ही बिना किसी बात के पथराव हो जाता है। आज तक इसका कोई कारण ही हम खोज नहीं पाये हैं। होता यह है कि जहाँ कहीं सौ-दो सौ आदमी हों—वहाँ कहीं से एक दल पहुँच जाता है और भीड़ पर पथराव कर गायब हो जाता है। समझ में नहीं आता कि भरे बाजारों में वे लोग कहाँ से आते हैं और कहाँ गायब हो जाते हैं। पत्थर कहाँ से आ जाते हैं और आखिर यह पथराव क्यों होता है, किन लोगों पर होता है।

"एक दूसरी प्रकार की घटनाएँ और भी विचित्र हैं। इस प्रकार भीड़ के बीच कोई भी व्यक्ति चीख मारकर उछल पड़ता है। फिर वह शोर मचाना आरम्भ कर देता है कि किसी ने उसे सुई चुभायी है। भगदड़ मच जाती है। भीड़वाला स्थान। किसी को भी रोकना कठिन हो जाता है। उस धक्कमपेल में कुछ लोग घायल हो जाते है और वह व्यक्ति जिसे सुई चुभायी गयी होती है, घर पहुँचने तक अवश्य ही बीमार पड़ जाता है।

"तीसरी प्रकार की घटना, सबसे अधिक भयंकर है। पिछले एक सप्ताह में चार बार दिल्ली के विभिन्न पम्पिंग स्टेशनों पर आक्रमण हुए हैं और नगर में वितरित होने के लिए साफ किये गये जल में रोगों के कीटाणु मिलाने के प्रयत्न किये गये हैं।"

वे रुककर कुछ क्षण उपस्थित अधिकारियों को देखते रहे, फिर बोले, "इन तीन प्रकार की घटनाओं में अभी तक कोई अपराधी पकड़ा नहीं गया है। पर सन्देह यह है कि राजधानी में कुछ विदेशी एजेंट सक्रिय हो उठे हैं और यहाँ के सामान्य जनजीवन में अव्यवस्था फैलाने का प्रयत्न कर रहे हैं।

"आपको यहाँ बुलाकर इसलिए कष्ट दिया गया है कि आप स्थिति की गम्भीरता को समझें और उसके प्रति सचेत रहें। कोई प्रश्न...?"

और उनकी दृष्टि फिर उपस्थित अधिकारियों पर जम गयी।

विजय बाबू ने अपने सामने खड़े सेल्समैन को घूरकर देखा। वह घरेलू आवश्यकता की चीजें बेचने के लिए आया था।

"तुमको पता है, तुम्हें फ्लू है और ऐसी अवस्था में तुम्हें अपने घर से बाहर कदम नहीं रखना चाहिए?" उन्होंने पूरी ताकत से चीखकर पूछा।

"जी!" सेल्समैन का चेहरा बुखार से तप रहा था और उसकी आँखें चढ़ी हुई थीं। वह खाँसते हुए बड़ी धीमी आवाज में बोला, "हमारी कम्पनी हमें छूट्टी नहीं देती। अभी मैं कन्फर्म्ड नहीं हूँ। नौकरी का मामला है। इसलिए ऐसी हालत में भी निकलना ही पड़ता है।"

विजय बाबू पर उसकी दीनता का कोई प्रभाव नहीं पड़ा। वे पहले से भी तेज आवाज में चीखे, "तुम गरीब हो या बदमाश हो! जान-बूझकर फ्लू की इंफैक्शन घर-घर फैला रहे हो, ताकि अधिक-से-अधिक लोग बीमार पड़े। बता, किस डॉक्टर ने भेजा है तुझे?" और विजय बाबू ने जोर का धक्का देकर उसे फर्श पर गिरा दिया।

वह अचकचाया-सा फर्श पर पड़ा उन्हें देखता रहा। उसे फिर खाँसी आ गयी। वह काफी देर तक खाँसता रहा और खाँसकर बोला, "आप मुझे गलत

समझे। किसी के बीमार होने से मुझे क्या लाभ। मैं गरीब आदमी हूँ। अपने बाल-बच्चों के लिए रोटी कमाने निकला हूँ। किसी को बीमार करने नहीं।"

विजय बाबू ने उसे जोर की एक ठोकर मारी, "उल्लू के पट्ठे! तू ऐसे नहीं बतायेगा।"

वह रो पड़ा। उसकी आँखों से आँसू बह-बहकर गिरते रहे। विजय बाबू ने उसकी टाँग पकड़ी और मरे हुए कुत्ते की तरह घसीटते हुए बाहर गली में उसे ले आये। उसे बीच गली में पटककर वे जोर-जोर से चीखने लगे, "देखो! रोगी-एकता संघ के सदस्यों देखो! अब डॉक्टर यहाँ तक बदमाशी पर उतर आये हैं। वे बीमार और रोगी लोगों को पैसे देकर भले आदमियों के घर भेज देते हैं, ताकि वे लोग इफैक्शन फैलायें और उनके ग्राहक बढ़ायें। देखो, देखो!"

और उन्होंने गली में पड़े ठंड से ठिठुरते सेल्समैन को एक ठोकर और जमा दी।

लोग अपने-अपने घरों से निकलकर गली में जमा होते जा रहे थे। सब लोग घृणा से उस सेल्समैन को देख रहे थे। किसी के हाथ में पत्थर था, किसी के पास लकड़ी की छड़ी थी और कोई-कोई लोहे की छड़ ले आया था।

उस बढ़ते हुए शोर-शराबे में सेल्समैन बार-बार जीभ से अपने होंठ गीले करके धीरे-धीरे कह रहा था, "मैं गरीब आदमी हूँ। मैं अपने बच्चों के लिए रोटी कमाने...।" उसकी बात कोई नहीं सुन रहा था। उसके चारों ओर भीड़ बढ़ती जा रही थी और भीड़ के साथ शोर भी तेज से तेजतर होता जा रहा था।

गृहमन्त्री पत्रकार-सम्मेलन के सामने वक्तव्य दे रहे थे :

"राजधानी में ये घटनाएँ बढ़ती चली गयीं। पर ये सारी घटनाएँ कुछ इतनी भिन्न थीं कि उनमें कोई तालमेल ही नहीं बैठ रहा था। देखने से ऊपरी तौर से यही लगता था कि कुछ विदेशी एजेंट हमारी राजधानी में अव्यवस्था और अराजकता फैलाने का प्रयत्न कर रहे हैं।

"पर हमारी पुलिस ने अपनी छानबीन से कुछ इससे भी गहरे अपराध के रोमांचक तथ्यों का उद्घाटन किया है। अपनी छानबीन के पश्चात् पुलिस इस निष्कर्ष पर पहुँची है कि इस नगर के कुछ लोगों ने मिलकर एक गुप्त संस्था बनायी है। इस संस्था का कार्य यह है कि अपने प्रयत्नों से लोगों को अधिक-से-अधिक संख्या में रोगी और घायल किया जाये—वह चाहे भीड़ पर पथराव करके हो, लोगों में रोग के कीटाणु इंजेक्ट करके हो अथवा पीने के पानी में जहरीली दवाएँ और रोगों के कीटाणु मिलाकर हो।

"और इन कार्यों का उद्देश्य केवल इतना है कि रोगियों की कमी के कारण, जो अधिकांश डॉक्टर भूखे मर रहे हैं, उन्हें रोजगार मिल सके और उनकी रोटी का प्रबन्ध हो सके।"

गृहमन्त्री थोड़ा सस्पेंस देकर बोला, "आपको जानकर आश्चर्य होगा कि इस नगर के अधिकांश डॉक्टर इस संस्था के सदस्य हैं और कल रात के अपने छापों में, पुलिस ने नगर के विभिन्न खंडों में से डेढ़ सौ डॉक्टर बन्दी कर लिये हैं।"

"डेढ़ सौ!" कई पत्रकार कोरस के स्वर में चीख पड़े।

त्रासदी एक घर की

"आपका घर है?" उन्होंने पूछा।

"बना रहा हूँ।" मैंने उत्तर दिया। जानता था कि कह दूँगा कि नहीं है, तो भी वे मेरी कोई सहायता नहीं करनेवाले। फिर भी स्वयं को इतना दीन-हीन क्यों दिखाया जाये।

"प्लॉट ले लिया है?" उन्होंने फिर पूछा।

"नहीं! सगाई कर ली है।" मैंने उत्तर दिया।

उन्होंने भौचक होकर मुझे देखा, "क्या मतलब?"

"सगाई कर ली है। विवाह हो जायेगा। पत्नी आ जायेगी तो घर भी बन जायेगा। कहा है न कि 'घरनी बिन घर भूत का डेरा'।"

वे न तो साहित्य से परिचित थे, न हिन्दी से। पर तुलसीदास से वे फिर भी परिचित थे। उन्होंने डाक-टिकट पर तुलसीदास का चित्र देखा था और 'मानस चतुश्शती समिति' को पचास रुपये चन्दा दिया था। इनसे अधिक भारत और भारत की लोकोक्तियों के विषय में वे कुछ नहीं जानते थे। इसलिए समझ नहीं पाये कि मैं क्या कह रहा हूँ।

बोले, "मैं समझा नहीं। कोई प्लॉट-व्लॉट?"

"प्लॉट एक था।" मैं शालीनता से बोला, "पर उस पर मैंने एक उपन्यास लिख दिया है।"

पर मेरी शालीनता को भी उन्होंने मेरी उद्दंडता ही माना। आगे बात करने की आवश्यकता उन्होंने नहीं समझी।

पर गालिब-खस्ता के बगैर कौन-से काम बन्द हैं—उन्होंने बात आगे नहीं चलायी तो कोई बात टूट थोड़ी गयी। बात आगे चली और हमारा विवाह हो गया। पत्नी आ गयी तो घर बन गया; पर उन सज्जन को मैं नहीं भूला। वे मकान की बात कर रहे थे—यह मुझे अब समझ में आया। साथ ही समझ गया कि वे लोग अधिक समझदार होते हैं जो घर से पहले मकान बनाते हैं और जो प्लॉट पर उपन्यास लिखने के स्थान पर ईंट-गारे का भवन खड़ा करते हैं।

तब मैं उन्हीं लोगों की शरण में गया, जिन्होंने मकान बना रखे थे। रहने के लिए मकान तो चाहिए ही था, अपना न सही, किराये का ही सही।

मकान-मालिक ने पूछा, "आप विवाहित हैं?"

अब मैं समझा कि मैं किस दुश्चक्र में फँस गया हूँ। विवाह के बिना मकान नहीं और मकान के बिना विवाह नहीं।

बोला, "जी हाँ!"

"कुछ काम करते हैं?"

"जी हाँ! मैं तो यही समझता हूँ।"

"क्या मतलब?" वे नाराज होने को हुए।

"जी! बात यह है कि अपने देश में हर कोई यह मानता है कि जो कुछ वह करता है, वही काम है; अन्य लोग जो कुछ करते हैं, वह भाड़ झोंकना ही है।"

"मेरा अभिप्राय यह नहीं है।" मकान-मालिक बोले, "मैं पूछ रहा हूँ कि आप कोई नौकरी करते हैं? कुछ वेतन मिलता है? किराया चुकाने की स्थिति में हैं?"

"जी! सौभाग्य से मैं और मेरी पत्नी—दोनों ही नौकरी करते हैं।" मैंने कहा, "नौकरी बड़ी अच्छी है हमारी—हर महीने वेतन मिलता है। किराया हम अवश्य चुका दिया करेंगे।"

मकान-मालिक भला आदमी था, उसने हमारा कहना मान लिया। 'एक ने कही और दूजे ने मानी, कहे गुरु नानक दोनों ज्ञानी।' सम्भव है, इधर-उधर पूछ-पड़ताल भी की हो—पर पर्दे में। बैंकों के समान निर्लज्जता से उसने यह नहीं कहा कि अपने दफ्तर से लिखाकर लाइये कि आप वहाँ काम करते हैं और वेतन भी पाते हैं।

वह न केवल कहा ही मान गया, वरन् उसने हमें मकान भी दे दिया। तो साहब! शामत हमारी यह आयी कि हमने गर्मी की छुट्टियों में उस मकान में प्रवेश किया। हमारी ओर से तो कोई कमी थी नहीं, पर लोग इसे गृह-प्रवेश नहीं मानते। आम जनता का विचार है कि 'गृह-प्रवेश' केवल अपने बनाये हुए मकान में ही हो सकता है। खैर, मैं हठ नहीं करता कि उसे गृह-प्रवेश ही माना जाये। पर हमारे मकान-मालिक की हठ यह थी कि उसे गृह-प्रवेश नहीं माना जाये, नहीं तो मकान हमारा हो जायेगा। इसलिए उसकी बात मानकर हम बिना आम और अशोक के पत्तों की बन्दनवार बाँधे उस मकान में प्रवेश कर गये।

कॉलेज में गर्मी की छुट्टियाँ थीं। बाहर लू चलती थी और धरती तपती

थी। हम पहाड़ पर क्या जाते। सारी जमा-पूँजी विवाह में ही समाप्त हो गयी थी। हनीमून की सलाह बहुतों ने दी थी, पर 'हनीमून-एलाउंस' किसी ने नहीं दिया। कहते हैं कि उसका रिवाज नहीं है।

इन्हीं रिवाजों के दोहरेपन में हम मारे गये साहब! जिस चीज का रिवाज था, अर्थात् दहेज का—वह हमने लिया नहीं, क्योंकि हम पुराने रिवाजों को तोड़ना चाहते थे। यह क्रान्ति हमारे ससुरालवालों को बहुत भायी थी, पर हमारे मायकेवाले कुछ विशेष प्रसन्न नहीं थे। हमने अपनी क्रान्ति के चक्कर में अपनी भाभियों और मौसियों-चाचियों को अपनी ससुरालवाली साड़ियों से वंचित कर दिया था।... तो पुरानी परम्परा हमने तोड़ दी, पर नयी परम्परा स्थापित नहीं कर पाये; इसलिए हनीमून-एलाउंस हमको नहीं मिला और हमारी क्रान्ति फ्लाप हो गयी। हमने तय किया कि हम दिन-भर पढ़ाई करेंगे तो गर्मियों के पहाड़-जैसे दिन, पहाड़ पर जाये बिना भी कट ही जायेंगे। दूसरा ऐतिहासिक संकल्प हमने यह किया कि पुरानी परम्पराएँ तोड़ने की त्रासदी करने के स्थान पर हम नयी परम्पराएँ स्थापित करेंगे—पुरानी परम्पराएँ इस दौड़ में पिछड़ जायेंगी, थककर बैठ जायेंगी और फिर सिसक-सिसककर अपने आप ही प्राण दे देंगी।

पर बात हनीमून की नहीं, हमारे मकान-मालिक और गर्मी की छुट्टियों की त्रासदी की थी।...

एक सप्ताह में ही हमारे मकान-मालिक ने पिछले आँगन में से एड़ियाँ उठा-उठाकर हमारे फ्लैट में झाँकना शुरू कर दिया, "अजी कोहली साहब घर पर ही हैं क्या?"

इन गर्मियों के पहाड़-जैसे लम्बे तपते दिन हम पति-पत्नी से पुस्तकों के पृष्ठ उलट-उलट कर तथा एक-दूसरे के मुखड़े देख-देखकर कट नहीं रहे थे। मिलने-जुलनेवाले कोई विशेष हमारे थे नहीं। अविवाहित पुरुष को कौन अपने घर बुलाता है और कौन उसके घर आता है! अब विवाह हुआ तो आशा थी कि लोग हमसे मिलने भी आयेंगे और हमको बुलायेंगे भी। पर ये सब तो अभी भविष्य की कामनाएँ थीं। इस समय तो अतिथि सचमुच ही हमारे लिए देवता था। सोचा, चलो, मकान-मालिक ही सही। पर वे सीढ़ियाँ ही नहीं चढ़े। हाँ, शाम को सामने की घंटी बजी। बाहर झाँका तो फिर वही थे, "अजी कोहली साहब घर पर ही हैं क्या?"

थोड़ा ताव तो आया कि डपट कर पूछूँ, 'आप हमारे अध्यापक हैं या थानेदार! सुबह-शाम हाजरी लगाने चले आते हैं।' पर कहा कुछ नहीं। उनके मकान में हमारा नया-नया गृह-प्रवेश हुआ था। अभी उनके और हमारे सम्बन्ध हनीमून-स्टेज पर ही थे। इस सन्दर्भ में मुझे कुछ सम्बन्धों की त्रासदी भी याद

आती है। मेरा सिद्धान्त है कि मकान-मालिक और किरायेदार के सम्बन्ध, पति-पत्नी के सम्बन्धों के समान्तर चलते हैं। पहले किरायेदार बोलता है और मकान-मालिक सुनता है—यह उनके सम्बन्धों की हनीमून-स्टेज है; फिर मकान-मालिक बोलता है और किरायेदार सुनता है—यह सम्बन्धों की मध्यावस्था है; अन्त में मकान-मालिक और किरायेदार दोनों बोलते हैं और सारा मुहल्ला तो मुहल्ला, पुलिस और कोर्ट-कचहरी भी सुनते हैं—यह उनके सम्बन्धों की प्रौढ़ावस्था है।

तो अपने मकान-मालिक से हमारे सम्बन्ध अभी हनीमून-स्टेज पर ही थे, इसलिए झगड़ना उचित नहीं समझा—यद्यपि बोलने का अधिकार हमें था। मधुर वाणी में कहा, "आइये साहब! आप सुबह भी पूछकर ही रह गये—आये नहीं।"

"नहीं, आऊँगा नहीं!" अस्वीकार में भी उनका स्वर बहुत मीठा था, "बस सोचा, जरा पूछ लूँ—घर पर ही है न?"

मेरी समझ में उनका यह पूछना न आया और छह दिनों तक नहीं आया। सातवें दिन वे सपत्नीक सीढ़ियाँ चढ़ आये। हमने समझा कि भगवान आ गये। यद्यपि इतना धर्म-ज्ञान हमें तब भी था कि भगवान ऊपर से उतरते हैं, नीचे से सीढ़ियाँ नहीं चढ़ते। पर जब से समाचारपत्रों में समाचार पढ़े हैं कि किसी आश्रम या फाउंडेशन के भगवान अवस्थ होकर अमरीका चले गये हैं और वहाँ उनकी शल्य-चिकित्सा होनेवाली है, तब से यह भी मान लिया है कि भगवान गली में से आवाज देकर सीढ़ियाँ चढ़कर भी आ सकते हैं।

स्वागत किया, "पधारिये!"

"देखिये साहब! हमारी बात का बुरा मत मानिये!" वे स्वयं बुरा माने हुए से लगे, "आपके मकान लेने से पहले कहा था कि आप दोनों यानी आप और बहनजी..."

"मेरी बहनजी...?" मैंने टोका।

"नहीं! जी नहीं!! आप और हमारी बहनजी," उन्होंने मेरी पत्नी की ओर संकेत किया, "दोनों ही नौकरी करते हैं।..."

उनकी इस मुद्रा को देखकर मेरे मन में विदेशी मुद्रा की बात उभर आयी। सारा राष्ट्र आज विदेशी मुद्रा के पीछे पड़ा है—पाउंड हो, डॉलर हो, दीनार हो... कुछ हो, पर हो विदेशी मुद्रा। मुझे अपने मकान-मालिक की मुद्रा काफी विदेशी-सी लग रही थी। उनके इस विकृत चेहरे को देखकर मेरे मन से विदेशी मुद्रा का रहा-सहा आकर्षण भी जाता रहा। इससे तो उनकी वह देशी खींसे निपोरती मुद्रा ही अच्छी थी। पर भारतीय रिजर्व बैंक फिर भी विदेशी मुद्रा के

पीछे पड़ा है। ऐसी-तैसी रिजर्व बैंक की...

सारे देश ने अंग्रेजी का मुखौटा ओढ़कर विदेशी मुद्रा बना रखी है। हिन्दी-भाषी अंग्रेजी अध्यापक समाचारपत्रों में हिन्दी को गालियाँ दे-देकर अपनी विकृत वाणी से धड़ाधड़ विदेशी मुद्रा अर्जित करते जा रहे हैं और हमारी पहचान में ही नहीं आ रहे और एक हमारे मन्त्रीगण हैं कि रोज देश के उद्योगपतियों और व्यवसायियों को विदेशी मुद्रा अर्जित करने की प्रेरणा देते रहते हैं। अंग्रेजी के अध्यापकों की विदेशी मुद्रा ने ही हमारे कलेजे छलनी कर रखे हैं—उद्योगपति और व्यवसायी भी उधर ही बह गये तो हमारा क्या होगा?

खैर, मैंने अपनी देशी मुद्रा बनाये रखी और शान्ति से कहा, "आपको मेरी पत्नी के नौकरी करने पर क्या आपत्ति है?" यहाँ तक आते-आते शायद मैंने भी थोड़ी-सी विदेशी मुद्रा अर्जित कर ली थी, "देखिये साहब, मकान-मालिक यह आपत्ति तो कर सकता है कि हम उसके मकान में भैंस न पाले, शराब न पियें, मांस-मछली न खायें। चलिये, मैं यह भी सहन कर लूँगा कि हम आपके मकान में रहते हुए प्याज और लहसुन भी न खायें—पर आप मेरी पत्नी की नौकरी पर आपत्ति करेंगे, तो इसे मैं हरगिज बर्दाश्त नहीं करूँगा..."

"कोहली साहब!" उन्होंने मेरी बात काटी।

"भाड़ में गये कोहली साहब!" अब तक मैं पूरी तरह हनीमूनातीत मुद्रा में आ चुका था, "यह हमारा घरेलू मामला है। पत्नी की नौकरी के सम्बन्ध में तो मैंने अपने पिताजी का कहा भी नहीं माना। आप कह लें कि मैं जोरू की कमाई खाता हूँ। मुझे कोई आपत्ति नहीं होगी। जब करोड़ों स्त्रियाँ अपने पति की कमाई पर जीवित रहती हैं, तो दो-चार पुरुष यदि अपनी पत्नियों की कमाई पर आश्रित हों तो कौन-सा आसमान फट जायेगा? वैसे मैं अपनी पत्नी की कमाई पर आश्रित नहीं हूँ। मैं भी तो कमाता हूँ। वह अपने लिए कमाती है और मैं अपने लिए कमाता हूँ। या कह लीजिये, हम दोनों एक-दूसरे के लिए कमाते हैं। यदि हम दोनों नौकरी नहीं करेंगे तो हमारा गुजारा कैसे चलेगा, हम आपके मकान का इतना किराया कहाँ से देंगे?..."

"एग्जैक्टली।" इस बार वे अंग्रेजी में बोले, "मैं भी यही कह रहा था। आप दोनों नौकरी पर तो जाते नहीं हैं। मैं पिछले सप्ताह-भर से चेक कर रहा हूँ—आप दोनों हर समय घर पर ही होते हैं। फिर आप मेरा किराया कहाँ से देंगे?"

अब उनकी देशी मुद्रा मेरे समझ में आयी।

"आजकल हमारी छुट्टियाँ चल रही हैं।" मैंने उन्हें समझाया, "जुलाई में कॉलेज खुलेंगे तो हम जाया करेंगे।"

"स्कूल में पढ़ावें हैं।" उनकी पत्नी ने उन्हें अपनी कुहनी से टहोका दिया।

"पता नहीं साहब! कैसी-कैसी नौकरियाँ हैं दुनिया में।" उन्होंने बड़ी विवश मुद्रा में कहा, "पहले एक साहब रहते थे। ऐसे ही, आप लोगों की तरह घर पर पड़े रहते थे और कहते थे कि वे किसी रियासत के राजकुमार हैं। अन्त में दस महीने का किराया ले भागे।"

"हम नहीं भागेंगे।" मैंने उन्हें आश्वासन दिया, "अब आये हैं तो यहीं रहेंगे और आपका किराया नियमित देंगे।"

वे आश्वस्त हो गये, पर उनकी पत्नी आश्वस्त नहीं हुई। इसका पता हमें तब चला, जब उन्होंने सुबह-शाम हमारे घर में झाँकना शुरू किया।

एक दिन वे मेरी पत्नी से पूछ भी बैठीं, "आपकी शादी हो गयी, बहनजी?"

मेरी पत्नी का भौचक मुद्रा में मुँह खुल गया, "क्या कह रही हैं आप?"

"बुरा न मानना," वे क्षमा-याचना के ढंग से बोलीं, "हम भी गृहस्थ हैं। बाल-बच्चेवाले हैं। दुनिया देखी है, पर तुम जैसी ब्याहता तो देखी ही नहीं।"

मेरी पत्नी का चेहरा उतर गया। उसका हाथ अपने माथे पर चला गया। वह न माँग में सिन्दूर डालती है और न माथे पर बिन्दी लगाती है। उसकी माँ और मेरी सास कई बार उसे टोक भी चुकी हैं। फिर उसकी दृष्टि अपनी कलाइयों पर गयी, जहाँ चूड़ियाँ तो दूर, आज उसकी घड़ी भी नहीं थी, "जी!..."

"हाँ!" मकान-मालिक की पत्नी बोली, "पहले वो राजकुमार और राजकुमारी यहाँ रहे थे, तो रोज सुबह-शाम लड़े थे। पड़ोस में शर्मा की बहू ब्याही आयी तो वह लड़ै है। इधर खन्ना की पत्नी रोज पिटै है। तुम लोग न लड़ो हो, न मार-पीट... ब्याह हो गया बहनजी, तुम्हारा? आखिर घर-गिरिस्ती की बात है। जहाँ चार बर्तन हों, आपस में टकरावें ही हैं। तुम्हारी तो आवाज भी कभी हमारे कान में नहीं पड़ी। कहीं भाग-भगा कर तो...।"

मुझे अपने मकान-मालिक की पत्नी की बात जँच गयी। ठीक ही तो कह रही थी बेचारी : पति-पत्नी लड़ पड़े तो एक प्रकार की त्रासदी होती है और न लड़े तो दूसरी प्रकार की।

सुना है, हमारे मकान-मालिक भी आजकल कुछ अस्वस्थ हैं। उन्हें मेरे इस आश्वासन में, कि मैं उनका मकान छोड़कर भागूँगा नहीं, उनको मकान हड़प लेने का मेरा षड्यन्त्र दिखायी पड़ रहा है।

अस्पताल

एक

मेडिकल कॉलेज के अस्पताल के बोर्ड के बाद मैदान ही मैदान है। कहीं वसन्त है, कहीं उजाड़। उन मैदानों-उद्यानों के बीच अस्पताल की बिल्डिंग एक ओर इस प्रकार पड़ी है, जैसे लिखने की बड़ी, दोहरे दराजोंवाली मेज के नीचे कहीं ढाँक-छिपाकर रद्दी की टोकरी रख दी गयी हो। वैसे बिल्डिंग अपने में डरी-सहमी, साफ-सुथरी और सुन्दर है। बिल्डिंग के बीचो-बीच, गेट पर एक गन्दा-सा चौकीदार बहुत ही चमकदार ड्राइंगरूम की सेंटर टेबल पर पड़े पोंछे के गन्दे कपड़े का आभास देता है।

गेट के सामने एक टैक्सी, मकड़े के जाल में फँसी मक्खी के समान भर्राती है, भर्र...र। टैक्सी में से एक साहब और साहबिन निकलते हैं। एक छोटा-सा बच्चा साहब की गोद में है, एक साहबिन की।

वे गेट के भीतर घुसने लगते हैं, तो तेजी से जाती हुई कार के मार्ग में, रेलवे क्रासिंग के फाटक के समान चौकीदार की टाँग आ पड़ती है, "कहाँ जाना है?"

"चिल्ड्रन वार्ड।" साहब कहता है, "बच्चे बीमार हैं।"

"पेशेंट को जाने से तो हम नाहीं रोकते।" चौकीदार कहता है, "पर तुमको जाना है तो पास दिखाओ।"

"अजीब आदमी हो!" साहबिन कहती है, "बच्चे बीमार हैं। उनको अस्पताल में भरती करना है। पास एडमिट कराने से पहले कहाँ से बनेगा?"

"अच्छा!" चौकीदार मजमा लगानेवाले बाजीगर के समान खरखराता है, "तो कौन-सा बच्चा बीमार है?"

"दोनों बीमार हैं।" साहब दीन होकर कहते हैं, "देर मत करो, नहीं तो बच्चे मर जायेंगे।"

साहब की आँखों से छत के बरसाती परनाले के समान आँसू गिरते हैं। चौकीदार की सरकारी जूती उसमें भीग जाती है। वह ऊदबिलाव का-सा मुँह बनाकर अपने स्टूल पर बैठ जाता है।

"भीतर जाना है तो पास बनवाओ।" वह श्रद्धापूर्वक अस्पताल संहिता के मन्त्र उच्चरित करता है।

"तो पास बना दो।" साहब अपने आँसुओं का स्विच ऑफ कर देते हैं।

"पास भीतर जाकर बनता है।" चौकीदार झींककर कहता है।

"तो भीतर जाने दो।"

"बिना पास के भीतर नहीं जा सकते।"

और साहब अपना एप्रोच भिड़ाने लगते हैं।

दो

साहब तथा साहबिन अर्थात् बच्चों के बाप और माँ भक्तिभाव के काउंटर पर बैठे क्लर्क के सामने खड़े हैं।

"इन बच्चों को एडमिट कराना है।" बच्चों के बाप कहते हैं।

"दूसरे बच्चे के माँ-बाप कहाँ हैं?" क्लर्क बच्चों की माँ से पूछता है। वह बच्चों के बाप को देखना भी नहीं चाहता।

"दूसरा बच्चा भी हमारा ही है।" बच्चों का बाप कहता है।

"मजाक मत करिये।" क्लर्क अपच के कारण गन्दी जीभ निकालकर कहता है, "यह भी कोई होलसेलवाली एजेंसी की बात है।"

वह जोर का डकार लेता है, हरिओम कहता है। दराज से निकालकर चूरन खाता है। चूरनवाली डिबिया दरांज में रखता है। फिर दराज को बन्द करता है...खटाक्...

"बच्चे जुड़वाँ हैं।" बच्चों का बाप लज्जित हो जाता है।

"उम्र क्या है?" क्लर्क तोप दागता है।

"चौबीस दिन।" बच्चों का बाप झटके से उबरकर बड़ी कठिनाई से कह पाता है।

क्लर्क फार्म तैयार करता है और कहता है, "दो सौ रुपये एडवांस जमा करवा दीजिये।"

बच्चों के बाप का मुँह ऐसे खुल जाता है, जैसे कठपुतली के जबड़ों के धागों को अनाड़ी हाथों से छेड़ दिया हो।

क्लर्क अपना पैन, पैन-स्टैंड के बदले बच्चों के बाप के खुले मुँह में रख देता है।

"दुनिया के किसी अस्पताल में ऐसा नहीं होता।" बच्चों का बाप अपने मुँह से क्लर्क का पैन निकालकर अपनी जेब में रख लेता है।

"यह अस्पताल दुनिया में नहीं, चाँद पर है।" क्लर्क बच्चों की माँ की ओर ताकता है।

बच्चों के बाप के मुँह पर फिर महात्मा बुद्ध की करुणा उभरती है, "साहब! आप मजाक कर रहे हैं और इधर मेरे बच्चे मर रहे हैं। मैं बच्चों को घर से ऐसी बुरी अवस्था में लाया हूँ। ऐसे समय में मैं दो सौ रुपये कहाँ से बटोरता।"

क्लर्क बच्चों के बाप के दुख से रो पड़ता है। फिर बच्चों का बाप रो पड़ता है। दोनों गले लग जाते हैं। हिचकियाँ बँध जाती हैं। फिर दोनों चुप होकर थोड़ी देर मुहुज्जत करते हैं :

"चिक चिक।"

"चिक चिक।"

"हू हू।"

"हा हा।"

"शट-अप!"

"मैनर्स प्लीज़!"

"लैंग्वेज प्लीज़!"

"मारूँगा।"

"पीटूँगा।"

"अबे, जा बे जा।"

"तेरी..."

"जब तक पैसे जमा नहीं कराओगे, इलाज नहीं होगा।" क्लर्क पागल भैंसे की तरह डकारकर कहता है।

"मेरे बच्चे मर गये तो तुम जेल जाओगे।" बच्चों का बाप औरतों के समान आँखें भींचकर रोनी सूरत बनाकर, मच्छर की तरह भिनभिनाता है।

"जेल में जायेगा मेडिकल सुपरिंटेंडेंट।" क्लर्क दराज बन्द करता है, जैसे मेडिकल सुपरिंडेंटेंड को अन्दर कर जेल का दरवाजा बन्द किया हो।

बच्चों का बाप एप्रोच की खोज में पैर पटकता फट-फट करता निकल जाता है।

"ईडियट साला...!"

तीन

ट्रीटमेंट रूम में दोनों बच्चों को मेज पर लिटा दिया जाता है।

"इनको क्या तकलीफ है?" डॉक्टर नर्स से पूछता है।

"ये मेरे बच्चे नहीं हैं।" नर्स डॉक्टर को आँख मारती है।

“इनको डायरिया है।” बच्चों का बाप कहता है।

“आपसे किसी ने पूछा?” नर्स बिल्ली की तरह पंजा झाड़ती है।

डॉक्टर एक बच्चे का सिर टटोलता है। बड़ी देर तक बच्चे का सिर प्यार से सहलाता रहता है और खिड़की से बाहर देखता रहता है।

फिर डॉक्टर धीरे से कहता है, “लाओ।”

नर्स कहती है, “लाओ।”

बच्चों का बाप कहता है, “लाता हूँ।”

वह दरवाजे से बाहर निकल जाता है।

बाहर से झाँककर वह पूछता है, “क्या लाऊँ?”

“जो डॉक्टर साहब पे माँगा है।” नर्स कहती है।”

“ब्लेड लाओ, बाजार से ब्लेड लाओ।” डॉक्टर खिड़की से बाहर देखता हुआ कहता है और बच्चे का सिर सहलाता रहता है।

दोनों बच्चे चीख-चीखकर रोते रहते हैं।

चार

बच्चों का बाप लौटकर देखता है कि अस्पताल के गेट के सामने काफी भीड़ लगी है। वह लोगों की ओर देखता है और फिर भीतर जाने लगता है।

“क्या है? कहाँ जा रहे हो?” चौकीदार रास्ते में टाँग अड़ा देता है।

“भीतर जाना है।” बच्चों का बाप कहता है, “मेरे बच्चे ट्रीटमेंट-रूम में पड़े हैं।”

“अभी ठहरो।” चौकीदार झपाक से उसे हटा देता है, “बाकी लोग भी तो खड़े हैं। सबके बच्चे ट्रीटमेंट-रूम में ही पड़े हैं। पड़े रहेंगे, उन्हें कोई उठाकर नहीं ले जायेगा।”

बच्चों का बाप भीड़ में मिल जाता है।

“क्या बात है?” वह एक उजबक से पूछता है।

“मिनिस्टर आ रहे हैं।” उजबक के मुँह से लार टपक पड़ती है।

“तो सालों ने रास्ता बन्द कर दिया है!” बच्चों का बाप बड़बड़ाता है, मेरे बच्चे भीतर मर जायेंगे। अबे भीतर कोई मिनिस्टर को गोली मार सकता है, तो यहाँ भी मार सकता है।”

“गोली मारने से कौन रोकता है!” मेडिकल सुपरिंटेंडेंट सीढ़ियों से अवतरित होकर कहता है, “हम तो कहते हैं कि हमारे अस्पताल के भीतर गोली मत मारो।”

पाँच

"आप कहाँ गायब हो गये थे!" झगड़ालू पत्नी के सामने डॉक्टर बच्चों के बाप को डाँटता है।

"अस्पताल में कोई मन्त्री आनेवाले थे, इसलिए रास्ता बन्द था।" बच्चों का बाप कहता है, "वे दफा हुए तो मैं भीतर आया।"

"और सैर करो।" डॉक्टर छिपकली के समान सिर हिलाता है, "तुम्हारा एक बच्चा मर गया है।"

"एक मर गया!" बच्चों का बाप हँसता है, "आधी इंकमटैक्स कंसेशन गोल; दूसरा कब मार रहे हो, डॉक्टर?"

"दूसरा इतनी जल्दी नहीं मरेगा।" डॉक्टर कहता है, "आई एम सॉरी। पहला डिहायड्रेशन से मरा, उसकी वेन नहीं मिली। तुम ब्लेड जल्दी ले आते, तो हम दूसरे का सिर शेव करके उसके सिर की वेन से फ्लुइड देने का प्रयत्न करते। उसी प्रयत्न से उसके सिर की वेन काटकर उसे मार सकते थे। पर तुमने देर कर दी, तब तक उसकी टाँग की वेन मिल गयी और वह बच गया। सो सॉरी।"

छः

बच्चों का बाप घर जाने के लिए अस्पताल से बाहर निकलता है।

स्कूटर रिक्शा के स्टैंड पर स्कूटरों की भीड़ है।

"बारी की क्या बात है, तुमको जाना कहाँ है?" स्कूटर स्टैंड उससे पूछता है। उसकी मूँछें ऐंठी हुई हैं और उसकी जेब से चाकू झाँक रहा है।

"डिफेंस कॉलोनी।" बच्चे के बाप को स्कूटर स्टैंड की जगह चाकू ही नजर आता।

"ले चलेंगे।" स्टैंड बच्चे के बाप को कॉलर पकड़कर अपनी करुणा के सागर में गोते देता है, "एक रुपया अस्सी पैसा लेंगे।"

"नहीं।" बच्चे का बाप रात के अँधेरे में स्कूटर स्टैंड से लड़ने की मूर्खता करता है, "मीटर से चलना है तो बात करो।"

वह चलने लगता है।

"अच्छा, चलो। डेढ़ रुपया।" स्कूटर स्टैंड उसे पुकारता है, "उससे कम एकदम नहीं।" स्वर में धमकी है।

"नहीं तो न सही।" बच्चे की मृत्यु ने उसका मस्तिष्क असन्तुलित कर दिया है।

वह आगे बढ़कर टैक्सी स्टैंड से टैक्सी ले लेता है।

"साला पूँजीपति!" स्कूटर स्टैंड कहता है, "गरीब आदमी के पेट पर लात मारकर चला गया।"

सात

जीवित बच्चा ट्रीटमेंट-रूम में पड़ा है। उसकी टाँग में सुई लगी हुई है और पास स्टैंड पर ग्लूकोस की बोतल टँगी हुई है। बूँद-बूँद कर ग्लूकोस बच्चे के भीतर जा रहा है।

बच्चे के माँ-बाप बच्चे के दोनों ओर बैठे हैं।

रातभर वे बैठे रहते हैं। पलक तक नहीं झपकते। न एक-दूसरे को प्यार करते हैं, न बात ही करते हैं—बेवकूफ बोर साले!

रातभर कोई डॉक्टर या नर्स उनके एकान्त में बाधा नहीं डालता—हाउ कंसीडरेट!

बारह बजते हैं।

एक बजता है।

दो बजते हैं।

साढ़े तीन बजते हैं।

"चार बजे इसे दवाई देनी है।"

"नर्स आयेगी क्या?" बच्चे का बाप पूछता है।

"पता नहीं।" बच्चे की माँ कहती है, "इसे दूध कब देंगे वे लोग?"

"नर्स आयेगी तो पूछेंगे।"

साढ़े चार बजे बच्चे का बाप नर्स को जगाता है, "सिस्टर, बच्चे को दवाई दे दो।"

"तुम ही दे दो न।" नर्स कहती है।

"कौन-सी दूँ?"

"अलमारी खोलकर, जो शीशी पसन्द आये, वह ले जाओ।" नर्स कहती है।

वह जाने लगता है।

"ठहरो।" नर्स कहती है, जाता कहाँ है। हमको जगाया, अब सुलाकर जाओ।"

बच्चे का बाप बैठकर नर्स को थपकने लगता है।

आठ

रातभर भूख से चीख-चीखकर सबेरे छह बजे बच्चा निढाल होकर चुप हो जाता है।

"सो गया?" नर्स आकर पूछती है।

"हाँ।" बच्चे की माँ के गालों पर आँसू आ जाते हैं—एक ही बच्चे की मृत्यु से घबरा गयी पागल!

"इसे दूध कब मिलेगा, सिस्टर?" वह पूछती है।

"सात बजे डॉक्टर से पूछेगा।" नर्स कहती है, "अभी वह सोया है।"

"तो अभी क्या करना है?" बच्चे की माँ नाराज होकर पूछती है।

"अभी थर्मामीटर लगायेगा।" नर्स कहती है।

"अभी मत लगाओ, सिस्टर।" बच्चे की माँ दीन होकर नर्स का स्कर्ट पकड़ लेती है, "अभी-अभी सोया है।"

"हमारा कपड़ा छोड़ दो।" नर्स कहती है, "सेफ्टी पिन नहीं लगाया है। थर्मामीटर तुम लगा लो।" वह माँ के मुँह में थर्मामीटर ठूँस देती है और अपने कागज पर लिखती है—टैम्प्रेचर : नार्मल।

नौ

रातभर स्टूल पर बैठे-बैठे बच्चे के बाप की कमर थक जाती है। वह टेक लगाने के लिए नजर इधर-इधर दौड़ता है। दीवार के पास जाने के लिए वह स्टूल खिसकाता है।

एक आदमी दौड़ा-दौड़ा हाँफते हुए गैंडे के समान ट्रीटमेंट-रूम में घुस आता है।

"तुम मिनिस्टर की आँखें फोड़ोगे क्या?" वह बच्चे के बाप से पूछता है।

"मैं कोई संसद सदस्य हूँ क्या?" बच्च्चे का बाप पूछता है।

"तुम खट-खट क्यों कर रहे थे?" वह आदमी छींककर पूछता है।

बच्चे का बाप अपने रूमाल से मुँह पर से उस आदमी की थूक के छींटे पोंछता है।

"मैंने पहलू बदला था।" वह कहता है।

"तुम दल चाहे बदल लो, पर पहलू मत बदलो।" वह आदमी गिरगिट की तरह गर्दन अकड़ाकर कहता है, "नीचे के कमरे में मिनिस्टर की आँख का ऑपरेशन हो रहा है। तुम खट-खट करोगे तो उसकी आँख फूट जायेगी।"

"आँख फूटने से वह मर जायेगा क्या?" बच्चे का बाप स्कूली बच्चों के समान भोली जिज्ञासा करता है।

"नहीं, वह मरेगा नहीं।" वह आदमी कहता है, "बड़ा बेशरम है साला!"

"तो क्या लाभ!" बच्चे का बाप स्टूल पर यूँ तह हो जाता है, जैसे हवा निकल जाने से डनलप का तकिया हो जाता है।

दस

"मैं बाथरूम हो आऊँ?" रातभर का जागा हुआ, बच्चे का बाप ऊँघती हुई बच्चे की माँ से कहता है। उसने दोनों हाथों से अपना पेट पकड़ रखा है।

"हो आओ।" बच्चे की माँ कहती है, "पीछे से अगर बच्चा मर जाये तो क्या करूँ?"

"चुपचाप सो जाना।" बच्चे का बाप कहता है, "रात-भर की जागी हुई हो, पर मुझे बाथरूम में बता आना, ताकि मैं वहाँ निश्चिन्त होकर बैठ सकूँ। जल्दी में मेरा पेट साफ नहीं होता।"

वह जाता है और लौट आता है।

"क्या हुआ?" बच्च्चे की माँ पूछती है।

"यह चिल्ड्रन वार्ड है या फिमेल वार्ड?" बच्चे का बाप कहता है, "सारी टट्टियों में खून सने चिथड़े भरे पड़े हैं। खिड़कियों के पीछे गन्दे पैड रखे हुए हैं।"

"तुम लौट क्यों आये?" बच्चे की माँ पूछती है।

"बाथरूम में पानी नहीं है।" बच्चे का बाप कहता है, "बेसिन में जमादार ने बाँस समेत अपना पोंछा सजाया हुआ है।"

"तो क्या करना है?"

"करना क्या है, जब बीमार पड़ूँगा डॉक्टर स्वयं एनिमा दे लेगा।"

ग्यारह

सात बजते हैं।

"सिस्टर, तुमने डॉक्टर से बच्चे के दूध के बारे में पूछा?" बच्चे की माँ पूछती है। "हाँ।" नर्स का सिर बर्मी पंखे की तरह हिलता है, "डॉक्टर बोला दूध दे दो।"

"तो दो फिर।" बच्चे की माँ की आँखों के सूखे पर भाखड़ा डैम का पानी छा जाता है।

"हम कहाँ से दें?" नर्स मक्खी उड़ाने के अन्दाज में हाथ झपटती है,

"हासिपटल का दूध छह बजे खत्म हो जाता है।"

"तो अब क्या होगा?" बच्चे की माँ प्रश्नचिह्न बन जाती है।

"कब सुबह दूध मिल जायेगा।" नर्स के होंठों पर खाद्य-मन्त्री की मुसकान ट्विस्ट करती है।

"कल तक बच्चा भूखा मर जायेगा।" बच्चे की माँ कहती है।

"तो क्या हुआ? दूध हम तब भी देगा।" नर्स मुस्कराती है।

बारह

बड़ा डॉक्टर वार्ड का राउंड लेने आता है।

उसके पीछे-पीछे पन्द्रह डॉक्टर चल रहे हैं। बड़े डॉक्टर की दृष्टि झुकती है, वे फर्श पर बिछ जाते हैं। खिसकती है, वे बह जाते हैं।

"डिफिकल्ट केस।" बड़ा डॉक्टर कहता है।

"वेरी डिफिकल्ट, सर!" जुलूस कोरस में कहता है।

छोटा-सा ट्रीटमेंट-रूम डॉक्टरों के जुलूस से भर जाता है। वे बच्चे के चारों ओर, गुड़ की भेली पर मक्खियों के समान घिर आते हैं। साँस लेना मुश्किल हो जाता है।

"बच्चे को अटैंड कौन कर रहा है?" बड़ा डॉक्टर पूछता है।

"हम दोनों।" बच्चे के माँ-बाप कहते हैं, जैसे स्कूली बच्चे गाँव के स्कूल में समवेत स्वर में पहाड़े बोलते हैं।

"एक बात मैं आपसे कहूँगा।" बड़ा डॉक्टर उपदेश देने की मुद्रा में पद्मासन लगाकर बैठ जाता है।

"मेरा अपना बच्चा होता तो भी मैं यही कहता। अधिक आदमी कमरे में न रहें, बच्चे को इंफैक्शन का डर है। आप दोनों में से एक आदमी ही भीतर रहे। एक बाहर चला जाये।"

बच्चे का बाप डॉक्टरों के जुलूस पर दृष्टि डाल उनकी संख्या का अन्दाज लगाता हुआ बाहर चला जाता है।

तेरह

शाम के पाँच बजते हैं और बच्चे का बाप अस्पताल के गेट पर पहुँचता है।

"अन्दर मत आइये। रुक जाइये।" मेडिकल सुपरिंटेंडेंट हाथ जोड़कर बैल के समान हँसता हुआ उसके सामने खड़ा हो जाता है।

"क्या बात है?" बच्चे का बाप बच्चे के लिए लायी गयी दवाई में से एक घूँट पीकर पूछता है।

"आज पी.एम. आनेवाली हैं।" उत्तर मिलता है।

"कितने बजे?"

"आठ बजे।"

"पर अभी तो पाँच ही बजे हैं।" बच्चे का बाप दवाई की शीशी सुपरिंटेंडेंट के हाथ में देकर उसके पैरों में झुक जाता है और उसके बूटों के तस्मे खोलने लगता है।

"भाई, तस्मे मत लेना, जुराबें चाहे न लेना। वे अस्पताल से ही मिली हैं।" सुपरिंटेंडेंट वैसे ही हाथ जोड़कर कहता है।

बच्चे का बाप खड़ा होकर एक सिगरेट सुलगा लेता है। पर सिगरेट समाप्त हो जाती है और प्राइम मिनिस्टर के आने में पौने तीन घंटे शेष हैं।

बच्चे के बाप को सिगरेट की निरर्थकता समझ में आ जाती है। वह पैदल चलकर नांगलोई पहुँचता है। वहाँ से एक हुक्का खरीदता है। उसे पीता-पीता अस्पताल वापस आता है। गेट पर बैठकर वह और सुपरिंटेंडेंट हुक्के के कश लेते हैं और पी.एम. के लिए वेट करते हैं।

चौदह

बच्चे को दवा पिलाने के लिए नर्स आती है।

"चम्मच दो।" वह मुँह उठाकर ऐसे कहती है, जैसे उसके खेतों में बनाये बिलों में पानी भर जाने पर, भीगी चुहिया अपनी थूथनी उठाकर उसे सुखाने के लिए हिलाती है।

"मैं अपनी रसोई घर पर ही छोड़ आयी हूँ।" बच्चे की माँ कहती है।

नर्स बच्चे के दोनों गालों को दबा, दवा की शीशी उसमें उलट देती है।

बच्चा एक बार खूँ करता है और दवा सारी की सारी उलट देता है—क्रिमिनल। गरीब देश के बच्चे को क्या अधिकार है कि वह दवा नष्ट करे, जो दूसरे देशों से भीख के रूप में उसके देश को दी गयी हो।

"ओह सिस्टर!" बच्चे की माँ भारत माता के समान सिर ठोक लेती है—राष्ट्रीय अपमान—लेखक को अगले गणतन्त्र पर पद्मश्री तो अवश्य मिलना चाहिए।

"हैव आई वामिटेड?" नर्स के मुख से अस्पताल से चुराये विटामिनों की गन्ध आ रही है, "लुक एट द लेडी।"

वह बाहर चली जाती है।

पन्द्रह

बच्चे का बाप हुक्का पीकर, पी.एम. के जाने के बाद अस्पताल में आता है।

बच्चे की माँ रोते-रोते उससे लिपट जाती है।

"नो रोमांस, प्लीज!" डॉक्टर कहता है।

"क्या हुआ?" बच्चे का बाप पूछता है।

"आपका झंझट खत्म हुआ।" नर्स कहती है, "आपका दूसरा बच्चा भी मर गया। कांग्रेचुलेशंस!"

"थैंक्यू।" बच्चे का बाप कहता है, "भगवान इसी प्रकार सबके बच्चों को मारे। बहुत दिनों से मैं रात को ठीक से सोया नहीं था। अब सोऊँगा।"

"घर चलो। घर चलो।" बच्चे की माँ चीखती है।

"आप घर नहीं जा सकते।" बड़ी नर्स आ जाती है, "पहले हॉस्पिटल का बिल पे करो।"

"कितना बिल है?" बच्चे का बाप जेब से पर्स निकालता है। पर्स के साथ उसकी जेब से सुपरिंटेंडेंट की जुराबें निकल आती हैं।

"बिल एकाउंटेंट बतायेगा।" बड़ी नर्स कहती है।

"एकाउंटेंट कब आयेगा?" बच्चे का बाप पूछता है।

"कल सवेरे दस बजे।" नर्स बताती है।

"तो रात को मैं अस्पताल में रहूँ?" वह पूछता है।

"नहीं। रात को हॉस्पिटल में रहने का परमिशन नहीं है।" नर्स कहती है, "डोंट यू नो द रूल्स?"

"तो मैं घर जाऊँ?" बच्चे का बाप फिर पूछता है।

"नहीं। बिल पे किये बिना नहीं जा सकता।" बड़ी नर्स चिंघाड़ती है।

सोलह

बरामदे में भीड़ लगी है।

बच्चे का बाप भी खड़ा देख रहा है।

"मैं हिन्दुस्तानी हूँ तो क्या हुआ!" एक आदमी चीख रहा था, "उल्लू के पट्ठो! तुम्हें क्या हक था कि मेरी टूटी हड्डी को जोड़ने के लिए देसी हड्डी लगा देते।"

"शोर मत करो।" नर्स डाँटती है।

"बिलैती हड्डी क्यों नहीं लगायी?" वह आदमी अपनी हड्डियाँ चटखाता है, "हमारे देश के शहीदों ने अंग्रेजों की हत्याएँ इसलिए तो नहीं की थीं कि तुम मुझे देसी हड्डी लगाओ। मुझे किसी अंग्रेज की हड्डी क्यों नहीं लगायी?"

"तुमको सूअर की हड्डी लगायेगा।" नर्स कहती है, "तुम चलो तो!"

सत्रह

एकाउंटेंट बिल बनाता है।

"दो बच्चे थे न आपके?" वह फाइल में से बच्चे के बाप की जन्मकुण्डली निकालता है।

"जी।" बच्चे का बाप कहता है।

"एक उसी दिन मर गया था?" एकाउंटेंट की आँखों में ज्ञान का कैम्प फायर जलता है।

"जी।" बच्चे का बाप श्रद्धा से नतमस्तक होकर सुपरिंटेंडेंट की जुराबें एकाउंटेंट को पहना देता है।

"उसको हमने थोड़ी ऑक्सीजन दी थी, पर उसका मैं कुछ भी चार्ज नहीं कर रहा।" दयानिधान एकाउंटेंट कहता है, "और स्पेस्मिडन ड्राप्स, दो बूँदें। एक बोतल तीन रुपयों की। दो बूँदें आठ आने की। मल्टी-विटामिन्स, तीन बूँदें। एक बूँद पौने तेरह आने की। रोज का दूध...।

"कितने पैसे और दूँ?" बच्चे का बाप पूछता है।

"आपने दो सौ रुपये एडवांस जमा करवाये थे। आपका बिल एक सौ दस रुपये हुआ।" एकाउंटेंट बताता है, "आपका बिल रिफंडेबल है। आपको हम नब्बे रुपये वापस देंगे।"

"दीजिये।" बच्चे का बाप खुशी से दोनों हाथ फैला देता है, जैसे मन्दिर में प्रसाद लिया जाता है।

"पर रुपये वापस करने में पन्द्रह-बीस दिन तो लग ही जायेंगे।" एकाउंटेंट कहता है, "और जब तक आपको रुपये वापस नहीं मिलेंगे, मैं आपको बिल पेड की चिट नहीं दे सकता और जब तक आपको वह चिट नहीं मिलेगी, तब तक आप अस्पताल से बाहर नहीं जा सकते।"

अठारह

"भाई मेरे!" बच्चे का बाप चौकीदार से कहता है, "मैं पन्द्रह-बीस दिन तक यहाँ कैद हूँ। तुम चाहो तो घर चले जाओ। मैं तुम्हारी जगह ड्यूटी कर दूँगा।"

"पर मेरे स्टूल पर बैठने का पन्द्रह दिनों का किराया लगेगा।" चौकीदार कहता है।

"स्वीकार।" बच्चे का बाप ताशकन्द और कच्छ समझौते पर एक साथ ही हस्ताक्षर कर देता है।

"अच्छा।" बच्चे का बाप कहता है, "अब उस टैक्सीवाले को कह दो कि मैं घर नहीं जा रहा, इसलिए टैक्सी वापस ले जाये।"

"नहीं।" चौकीदार कहता है, "मैं टैक्सी ले जाता हूँ। पन्द्रह दिनों के बाद वापस ले आऊँगा, बिल तुम दे देना। स्वीकार हो तो बोलो, नहीं तो मेरा स्टूल दे दो।"

"स्वीकार! स्वीकार!!" बच्चे का बाप हाथ जोड़ देता है, "तुम मुझसे अपना स्टूल मत छीनो।"

देश के शुभचिन्तक

"यह वाटिका हमारे मुहल्ले के लोगों के लिए है?" मैंने नगर निगम के अधिकारी से पूछा।

"जी हाँ!" वह बड़ी वक्रता से मुस्कराया, "वाटिका मेरे मुहल्लेवालों के लिए होती तो मेरे मुहल्ले में होती।"

"तो फिर ये फूल-पौधों के नाम और सैर करनेवालों के लिए ये सारे निर्देश आपने अंग्रेजी में क्यों लगवा दिये हैं?" मैंने पूछा, "मेरे मुहल्लेवाले तो अपनी भाषा भी ढंग से लिख-पढ़ नहीं सकते। अंग्रेजी कैसे पढ़ेंगे?"

"ये निर्देश आपके मुहल्लेवालों के लिए नहीं हैं।" वे बोले।

"तो क्या ये निर्देश उन लोगों के लिए हैं, जो यहाँ कभी नहीं आयेंगे?" मैंने पूछा, "क्योंकि आयेंगे तो हमारे ही मुहल्लेवाले।"

वे हँसे, "यदि मैं आपको सच्चाई बता दूँ तो आपको बुरा लगेगा।"

"नहीं! सच का क्या बुरा मानना।" मैं बोला, "आप बतायें तो!"

"आपके मुहल्लेवाले तो कोई निर्देश मानने से रहे।" वे बोले, "न वे घास पर चलने से रुकेंगे, न वे फूल न तोड़ने के आदेश का पालन करेंगे, न वे बाड़ को सुरक्षित रहने देंगे। तो फिर उनके लिए निर्देश लिखवाने का क्या लाभ?"

उनके उत्तर से मैं चमत्कृत हो गया। मैंने कभी कल्पना भी नहीं की थी कि हमारे नगर निगम में इस उत्कृष्ट बुद्धि-मेघा के लोग भी हैं। एक भयंकर द्वन्द्व मन में लिये मैं किंकर्तव्यविमूढ़ खड़ा रह गया। निर्णय ही नहीं कर पाया कि अपनी कृतज्ञता दिखाने के लिए उनका मुख, हाथ या माथा चूम लूँ, उनके कंठ अथवा वक्ष से लग जाऊँ; अथवा उनके चरणों पर लोट जाऊँ। फिल्मी संस्कृति में चुम्बन की प्रधानता है, लोक व्यवहार में आलिंगनबद्ध होने की और हमारी परम्परा में चरणों पर लोटना ही अधिक दिखायी देता है।

अपने अनिर्णय ने मुझे 'कर्म' के स्थान पर 'शब्द' का सहारा लेने को प्रेरित किया। बोला, "यह आपकी ही कूटनीतिक बुद्धि का प्रताप है कि आपने नगर निगम की कर्त्तव्यपरायणता को भी बचा लिया और हमारे मुहल्लेवालों के चरित्र को भी।"

इस बार चकित होने की बारी उनकी थी। बोले, “मैं कुछ समझा नहीं।”

“क्यों, इसमें ऐसा समझने को क्या है?” बोला, “आप ये निर्देश-पट्ट न लगाते तो यह आरोप लगाया जाता कि नगर निगमवालों ने अपने कर्त्तव्य का पालन नहीं किया; और आप हिन्दी में निर्देश लिखवा देते तो मेरे मुहल्लेवालों पर आरोप लगाया जाता कि वे नियमों और निर्देशों का पालन नहीं करते। अब ऐसे में तो दोनों ही आरोपमुक्त हैं। आपने निर्देश लिखवा भी दिये, और उन्हें यह भाषा पढ़नी ही नहीं आती। ऐसे में वाटिका उजड़ भी जाये तो किसी को दोष नहीं दिया जा सकता।”

“व्यर्थ बात का बतंगड़ मत बनाओ। हमने उनके लिए तो निर्देश लिखवाये ही नहीं।” वे खीझकर बोले, “हमने तो अपने उन विदेशी मेहमानों के लिए निर्देश अंग्रेजी में लिखवाये हैं, जो निकट भविष्य में यहाँ आनेवाले हैं। अब सोचो तो, वे आयें और हिन्दी में लिखे निर्देश न पढ़ पायें तो उन्हें कितना बुरा लगेगा। वे जान ही नहीं पायेंगे कि उन्हें यहाँ अपने कुत्तों को टहलना है या नहीं, घास पर जूते पहनकर चलना है या जूते उतारकर, फूल तोड़ने हैं या...”

“पर यहाँ कौन-से विदेशी आनेवाले हैं?” मैं बेहद डर गया था, जिस मुहल्ले में दो-चार विदेशी परिवार भी आ जाते थे, वहाँ मकानों का किराया दोगुना-तीन गुना हो जाता था। मैं अभी किराये पर था। वे विदेशी कुछ देर रुक नहीं सकते कि मैं भी अपना मकान बनवा लूँ, ताकि एक-आध खंड अच्छे किराये पर उन्हें दे सकूँ।

“कौन आयेगा, कहना मुश्किल है।” वे बोले, “जब देश के द्वार खोल ही दिये हैं तो कोई आये।”

मैं सँभला, “यदि आपका संकेत विदेशी कम्पनियों की ओर है, तो मैं आपको बता दूँ कि वे लोग हमारे मुहल्ले में रहने नहीं आयेंगे।”

“यहाँ रहने के लिए तो अंग्रेज भी नहीं आये थे, पर सारा देश तो उनकी मुट्ठी में सिमट ही आया था।” वे बोले, “अब आज हम हिन्दी में निर्देश लिखवायें, कल वे आकर अंग्रेजी में लिखवायें। पैसा तो हमारे ही देश का खर्च होनेवाला है। इसलिए हमने पहले ही निर्देश अंग्रेजी में लिखवा दिये हैं, ताकि जब वे हमारा सारा देश खरीद लें तो न उन्हें किसी प्रकार की कोई परेशानी हो; और न हमारे देश को दो-दो बार धन खर्च करना पड़े। कुछ आगे की भी सोच लेनी चाहिए।” उन्होंने रुककर मुझे देखा, “आखिर लांग-टर्म-प्लैनिंग किसे कहते हैं।...”

[रचना : 17.2.95]

❑❑❑